微信公众号
平台操作与 全攻略
版式设计

叶妙琳 ◎ 编著

人民邮电出版社
北京

图书在版编目（CIP）数据

微信公众号平台操作与版式设计全攻略 / 叶妙琳编著. -- 北京：人民邮电出版社，2021.5
ISBN 978-7-115-55770-4

Ⅰ．①微… Ⅱ．①叶… Ⅲ．①网络营销 Ⅳ．①F713.365.2

中国版本图书馆CIP数据核字(2021)第021363号

内 容 提 要

本书用了9章的内容来帮助读者学习微信公众号的平台操作和排版技法。希望读者通过学习本书能快速掌握公众号平台的操作，以及在短时间内做出美观大方的推文。

本书主要介绍如何创建公众号，如何操作公众号平台的功能按钮，如何快速发布推文，以及如何排版等内容，帮助读者从公众号新手进阶到高手。全书根据模板案例进行"手把手"指导，力求使每一位读者都能做出美观大方的推文。除此之外，本书还介绍了一些可以提高新媒体人工作效率的办公"神器"，使用它们可以事半功倍。

本书适合零基础和想学习微信公众号平台操作与版式设计的读者，以及从事微信公众号运营和设计相关工作的读者阅读，也可作为高校新媒体相关专业的教学用书。

◆ 编　著　叶妙琳
　责任编辑　王　冉
　责任印制　马振武

◆ 人民邮电出版社出版发行　北京市丰台区成寿寺路11号
邮编　100164　电子邮件　315@ptpress.com.cn
网址　https://www.ptpress.com.cn
北京天宇星印刷厂印刷

◆ 开本：700×1000　1/16
印张：18.5　　　　　2021年5月第1版
字数：513千字　　　2025年1月北京第15次印刷

定价：79.90元

读者服务热线：(010)81055410　印装质量热线：(010)81055316
反盗版热线：(010)81055315
广告经营许可证：京东市监广登字 20170147 号

前言

随着当下手机微信用户的不断增多,微信在人们的生活中也占据了很大的比重,随时低头看微信变成了越来越多的人的一个日常习惯。微信公众号作为微信平台的衍生产品,因为面向的群体广,不受到时间和空间的限制,所以一些优质的公众号通过用户的转发推荐能在短时间内迅速获得大量的粉丝,从而迅速地发展起来。

正是在这样的前提之下,越来越多的企业和个人想要通过微信公众号来增大宣传推广力度,这也使得微信公众号的运营岗位诞生了。

诚然,有些读者是因为工作的缘故才接触微信公众号的,有些读者则是想要增加自身的技能,以便寻求更好或者更多的工作机会,增加收入来源。对于这些读者来说,想要学习微信公众号的运营,可又不知道从何下手,只好在网络上通过搜索引擎来寻找答案。但网上的内容不够系统也不够全面,甚至有很多解释答非所问,无法从根本上解决读者的问题,以致读者在面对后台的各种按钮或第三方软件时常常一头雾水,非常茫然。

编者是一枚"90后",从2016年起就自行研究微信公众号运营,也是从新人开始一点一点摸索的。这么多年以来,编者运营过大大小小几十个公众号,也面对过许多的突发情况,现将运营微信公众号过程中出现过的主要"疑难杂症"的解决办法都整理到了本书中,希望这些思路和方法能够给读者一点小小的帮助。

在编撰过程中,编者严谨地对待每一个步骤,所有内容都在创作之时反复验证,以使读者能够还原出来。因为微信公众号后台更新迭代的速度非常快,有时一个月更新许多次,除了一些功能按钮,后台的界面也会有新的变化。因此,当读者阅读本书的时候,可能书上的部分内容已经与当前的微信公众号界面有所不同了。不过,即使后台内容有所变化,基本功能和操作不会有大的改动,读者仍然可以利用本书来学习微信公众号后台操作和排版。

虽然全书只有9章,但是每一章都干货满满,且通俗易懂,适合零基础和有一定基础的读者。希望阅读完本书之后,读者都能从"小白"晋升为有一定水平的微信公众号运营者。

最后,十分感谢135编辑器的工作人员给予的大力支持和帮助。另外,由于编者水平有限,如果在书中出现疏漏,欢迎广大读者指出,编者定会积极修正。

编者

2021年1月

艺术设计教程分享

本书由"数艺设"出品,"数艺设"社区平台(www.shuyishe.com)为您提供后续服务。

"数艺设"社区平台,为艺术设计从业者提供专业的教育产品。

与我们联系

我们的联系邮箱是 szys@ptpress.com.cn。如果您对本书有任何疑问或建议,请您发邮件给我们,并请在邮件标题中注明本书书名及ISBN,以便我们更高效地做出反馈。

如果您有兴趣出版图书、录制教学课程,或者参与技术审校等工作,可以发邮件给我们;有意出版图书的作者也可以到"数艺设"社区平台在线投稿(直接访问 www.shuyishe.com 即可)。如果学校、培训机构或企业想批量购买本书或"数艺设"出版的其他图书,也可以发邮件联系我们。

如果您在网上发现针对"数艺设"出品图书的各种形式的盗版行为,包括对图书全部或部分内容的非授权传播,请您将怀疑有侵权行为的链接通过邮件发给我们。您的这一举动是对作者权益的保护,也是我们持续为您提供有价值的内容的动力之源。

关于"数艺设"

人民邮电出版社有限公司旗下品牌"数艺设",专注于专业艺术设计类图书出版,为艺术设计从业者提供专业的图书、U书、课程等教育产品。出版领域涉及平面、三维、影视、摄影与后期等数字艺术门类,字体设计、品牌设计、色彩设计等设计理论与应用门类,UI设计、电商设计、新媒体设计、游戏设计、交互设计、原型设计等互联网设计门类,环艺设计手绘、插画设计手绘、工业设计手绘等设计手绘门类。更多服务请访问"数艺设"社区平台 www.shuyishe.com。我们将提供及时、准确、专业的学习服务。

目录

第1章 认识及注册微信公众号　　009

1.1 什么是微信公众号　　010
1.2 多一份自主选择和获取额外收入的机会 011
1.3 微信号/公众号/服务号/订阅号的关系，你清楚吗　　012
1.4 订阅号和服务号，哪一种更适合你　　014
1.5 注册微信公众号，花5分钟就够了　　015
 1.5.1 注册服务号　　016
 1.5.2 注册订阅号　　023
1.6 微信公众号的基本设置　　025
 1.6.1 账号详情修改　　025
 1.6.2 功能设置　　028
 1.6.3 微信公众号的人员设置　　029
 1.6.4 微信公众号认证　　034
1.7 微信公众号运营规范　　038

第2章 轻松上手微信公众平台操作　　039

2.1 花3分钟，学会推送步骤　　040
 2.1.1 单篇推文推送　　040
 2.1.2 多篇推文推送　　044
2.2 公众号数据一目了然　　045
 2.2.1 公众号整体数据情况　　045
 2.2.2 用户分析　　049
 2.2.3 内容分析　　052
2.3 你会用这4种基础功能插入方法吗　　055
 2.3.1 插入引用　　056
 2.3.2 插入投票　　057
 2.3.3 插入卡券　　059
 2.3.4 插入小程序　　064
2.4 你会玩这些进阶功能吗　　067
 2.4.1 留言管理　　067
 2.4.2 赞赏功能　　071
 2.4.3 原创管理　　073
2.5 如何对公众号进行个性化的设置　　079
 2.5.1 自动回复的设置　　079
 2.5.2 页面模板设置　　081
 2.5.3 自定义菜单设置　　085

第3章 必备的基础排版知识　　089

3.1 排版的重要性　　090	3.5 字号　　103
3.2 封面图　　090	3.5.1 正文字号　　103
3.2.1 封面图必备要素　　091	3.5.2 注释字号　　104
3.2.2 封面图尺寸　　093	3.6 段落排版　　104
3.2.3 制作封面图　　093	3.6.1 首行缩进　　104
3.3 标题和摘要　　096	3.6.2 字间距　　105
3.3.1 文章标题　　096	3.6.3 行间距　　106
3.3.2 正文标题　　097	3.6.4 段间距　　106
3.3.3 摘要　　098	3.6.5 两端缩进　　107
3.3.4 怎么写好标题　　099	3.6.6 对齐方式　　107
3.4 配图　　101	3.7 配色　　108
3.4.1 配图大小规定　　101	3.7.1 文字颜色　　108
3.4.2 配图比例推荐　　101	3.7.2 图片配色　　108
3.4.3 配图压缩情况　　102	3.7.3 全文配色　　109
3.4.4 配图格式推荐　　102	3.8 预览检查　　110
3.4.5 配图出处注释　　102	

第4章 宝藏编辑器：135编辑器　　113

4.1 微信编辑器有哪些　　114	4.2.4 常用功能区　　134
4.2 认识和使用135编辑器　　115	4.3 135排版黑科技　　138
4.2.1 辅助功能板块　　116	4.3.1 代码雨　　138
4.2.2 样式展示区　　123	4.3.2 滑动样式（文字滑动、图片滑动）　　140
4.2.3 素材排版区　　126	

第5章 功能强大的小插件：壹伴小插件　　141

5.1 如何安装插件　　142	5.2.2 我的工具栏　　145
5.2 首页新增的各项功能　　144	5.2.3 当日订阅/事件/热点　　150
	5.2.4 历史推文批量删除　　153
5.2.1 首页数据看板　　144	5.2.5 发送的推文的数据统计　　154

5.3 图文素材编辑区变化亮点　　154	5.4.6 阅读原文提醒　　175
5.3.1 样式中心　　155	5.4.7 图片编辑　　176
5.3.2 导入文章　　156	5.5 强大的图文工具箱　　179
5.3.3 新增的编辑按钮　　157	5.5.1 查看月发文数目/月平均阅读数　　180
5.3.4 常用工具与推荐工具　　158	5.5.2 订阅公众号　　180
5.4 原有功能加强　　170	5.5.3 导出公众号全部图文数据　　181
5.4.1 互动消息增强　　170	5.5.4 文章阅读数/点赞数　　181
5.4.2 文章留言数据导出　　171	5.5.5 采集图文　　181
5.4.3 图片批量删除　　172	5.5.6 合成多图文　　182
5.4.4 多账号同时登录　　173	5.5.7 保存长图　　183
5.4.5 定时群发　　173	5.5.8 采集样式　　184

第6章　这下不用担心推文里面没有合适的配图了　　185

6.1 公众号推文配图上哪儿找？　　186	6.2.3 壹伴题图制作　　200
6.1.1 可免费商用图库（CC0图库）推荐　　187	6.3 找不到合适的动图？你需要这些好用的工具　　203
6.1.2 高质量动态图/表情包网站推荐　　189	6.3.1 美图秀秀　　204
6.2 极简作图工具拯救不会设计的你　　191	6.3.2 GifCam　　206
6.2.1 美图秀秀　　191	6.3.3 SOOGIF　　212
6.2.2 创客贴/稿定设计/图怪兽　　197	

第7章　"大V"也在用的微信公众号小秘诀　　217

7.1 如何上传大体积图片到公众平台上　　218	7.6.1 查找网页源代码　　230
7.2 如何群发带超链接的文字消息　　220	7.6.2 壹伴采集图文　　233
7.3 点击文字，公众号直接回复　　223	7.6.3 公号素材助手　　234
7.4 同一篇文章如何拥有两个不一样的封面图　　226	7.7 如何设置上传的多图的无缝效果　　236
7.5 如何在公众号中插入Emoji表情　　229	7.8 如何使点击图文后跳转到其他链接　　237
7.6 怎样下载其他公众号推文里的视频　　230	7.9 如何让上传的PNG透明底图片不显示为白底　　240

第8章 必备的高效运营工具

8.1 手机端的微信公众号运营工具 242
8.1.1 公众平台安全助手/订阅号助手 242
8.1.2 新建素材/编辑素材 243
8.1.3 查看留言/精选留言/回复留言 244
8.1.4 查看历史推文数据 245
8.1.5 查看公众号统计数据 246
8.1.6 发送需要预览的推文 247
8.1.7 修改错别字/删除推文/为原创文章设置转载名单 248
8.1.8 修改公众号基础信息 251
8.1.9 查看关注公众号的人（排行榜/用户分析） 252
8.1.10 切换公众号账号 253

8.2 热点搜索工具 253
8.2.1 微博热搜排行榜 253
8.2.2 热播电视剧 254
8.2.3 微信朋友圈 254
8.2.4 热点小黄历 254

8.3 二维码制作工具 254
8.3.1 二维码生成器：草料二维码生成器 255
8.3.2 艺术二维码生成器：第九工场 259

8.4 公众号搜索工具 262
8.4.1 公众号自带的搜索工具 262
8.4.2 新榜号内搜工具 263

8.5 公众号表单工具 265
8.5.1 问卷星 265
8.5.2 帮Boss表单大师 268

第9章 公众号基础排版案例讲解

9.1 标题 274
9.2 封面图（头条） 274
9.2.1 添加公众号名称水印 274
9.2.2 漫画类 275
9.2.3 设计类 275
9.3 摘要 276
9.3.1 显示摘要 276
9.3.2 不显示摘要 276
9.4 顶部贴图 277
9.5 底部二维码 278
9.6 图文排版 278
9.6.1 正文字体 278
9.6.2 正文字号 280
9.6.3 字间距/行间距 281
9.6.4 两端缩进 282
9.6.5 两端对齐 282
9.6.6 配图来源 283
9.6.7 分隔符 284
9.6.8 参考文献 285
9.6.9 往期推荐 285
9.7 公众号推文排版 286
9.7.1 登录公众平台 286
9.7.2 输入标题 287
9.7.3 制作封面图 287
9.7.4 填写摘要 289
9.7.5 添加顶部贴图 289
9.7.6 添加底部二维码 290
9.7.7 图文排版 291
9.7.8 保存和预览 296
9.7.9 群发 296

第1章

认识及注册微信公众号

1.1 什么是微信公众号

"微信"这款App横空出世后衍生了一个新产品——微信公众号。相信凭借目前微信公众号的普及程度,大部分人已经接触过了,毕竟连很多长辈的微信朋友圈都时常被中老年微信公众号推文"霸占"。

在微信公众平台上成功注册的账号称为"微信公众号"。微信公众号的口号是"再小的个体,也有自己的品牌",由此可见,不管是个人还是企业、媒体等,都可以利用微信公众平台将品牌推广给微信用户,以此来提升品牌的知名度。

在微信公众平台上运营者可以编辑或发布文章,当微信用户关注某微信公众号后,就会接收到该公众号发布的信息,这些信息可以是纯文字、纯图片、图文、视频和音频等。下面介绍一下微信公众号的一些行业术语,方便读者后期学习。

在微信公众号上群发消息这一行为,称为"推送",而被推送的内容被叫作"推文";在短时间内快速达到上万阅读量的推文,我们称之为"爆文";当微信公众号拥有非常庞大的粉丝数量时,我们称之为"微信大V",这类公众号相比其他号,会拥有更大的影响力和更强的传播能力。

每一个微信大V的诞生,都离不开运营者的努力,能被这么多人喜欢和关注,背后付出的心血不可估量,无法想象。在一些第三方大数据平台发布的微信公众号榜单中,一些公众号拥有着非常庞大的粉丝基数,相信很多运营者也都在期待着自己运营的公众号有朝一日能变成这样的大V。

#	公众号	发布	总阅读数	头条	平均	最高	总点赞数	
①		7/19	116万+	64万+	61,467	10万+	2,264	899.0
②		7/10	83万+	70万+	83,207	10万+	12,497	892.0
③		5/8	58万+	48万+	72,924	10万+	10,476	871.7

1.2 多一份自主选择和获取额外收入的机会

微信公众号刚推出时，做微信公众号运营的人远没有现在这么多，从一开始就运营并能坚持到现在的人大都成为知名运营人。这些大V靠在公众号上发推文或接广告获得丰厚的收入，也吸引了不少人投身这个行业，并希望取得成功。

"成为一名在家也能赚钱的自由职业者"是笔者学习微信公众号运营的初衷，但经过一段时间的学习后才发现成为微信大V并没有想象中那么简单，想要一步登天是不可能的，所以就将不切实际的想法先放一旁，权当学习新技能，毕竟技多不压身。在笔者摸索学习了几个月之后，有朋友会问一些关于公众号方面的问题，例如"怎么注册微信公众号""服务号和订阅号的区别是什么""为什么上传的图片都会自带水印"等。当笔者频繁回复这些问题时，才发现原来身边很多朋友都在尝试运营微信公众号。

微信公众号数量猛增，是因为微信用户群体庞大，几乎可以说人人都在用微信公众号，而且使用频率也非常高，使得微信公众号成为一个非常方便的推广渠道。另外，用户只要动动手指就能把自己喜欢的推文分享到自己的朋友圈中，如果推文内容够吸引人，那么朋友圈的好友阅读后就可能再次进行分享，如此循环，对公众号来说相当于免费的推广，并且效果显著。例如美食类公众号，用户通过推文可以学习美食的制作方法，自然会主动推广，阅读量轻轻松松就能过万，甚至破百万，在如今这个流量时代，如此可观的推广数据带来的收益也将非常可观。

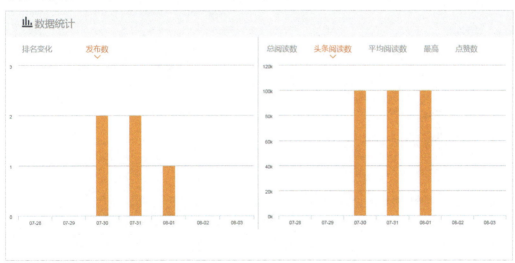

当企业认识到公众号能够带来巨大的红利和便捷的时候，"新媒体运营"（新媒体运营主要就是微信公众号运营）这个岗位也就应运而生了。在当下这个互联网时代，能够熟练运营微信公众号且了解微信公众平台规则的求职者成了各大公司竞相抢夺的人才。某些公司可能会因为某些原因而无须招聘全职人员，但会寻找一些有公众号运营经验的人来兼职。在这样的情况下，如果求职者能学会公众号运营这一项技能，在职场上就能多一份自主选择和获取额外收入的机会，何乐而不为呢？

1.3 微信号/公众号/服务号/订阅号的关系，你清楚吗

运营者刚学习微信公众号运营时，可能会将微信号、公众号、服务号和订阅号这几个概念混淆。这里的微信号，不是平常加好友时说的微信号，而是指公众号的微信号，相当于公众号的身份证号。

如果运营者想查看自己公众号的微信号，可以进入微信公众平台，将鼠标指针移动到首页右侧的账户头像上，出现"账号详情"后单击跳转。

进入"账号详情"页面后，可以看到该微信公众号的公开信息，其中就显示了微信号。

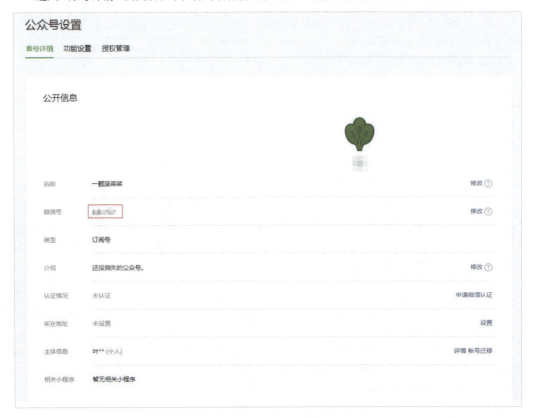

如果用户想知道某个公众号的微信号，可以在手机上找到该公众号的介绍页，单击右上角的3个点，再选择下方"更多资料"选项，就可以看到公众号的微信号了。

第 1 章 认识及注册微信公众号

提示

一般我们说的微信公众号,是指服务号和订阅号。

公众号常见的两种主要形式

服务号和订阅号推送消息的方式:服务号推送的消息会直接显示在好友会话列表中,订阅号推送给用户的消息会被折叠在"订阅号消息"中,而不是直接在会话列表中显示。

服务号推送的消息直接显示在会话列表中　　　　　　订阅号推送的消息被折叠

　　服务号和订阅号推送的次数:订阅号每天都可以推送1次,每天24点会更新推送次数,但次数不会累计;服务号每月(1个自然月)只能推送4次,但服务号的4次推送可以在一天之内完成,也可以根据需要安排推送时间,推送次数同样不可累计。不过,一些特殊的公众号拥有多次推送的特权。

013

1.4 订阅号和服务号,哪一种更适合你

如果运营者想创建一个公众号,首先需要考虑这个问题:创建公众号是为了给用户提供一种新的信息传播来源(类似时事新闻、娱乐趣事等),还是为了提供服务(类似银行、手机营业厅、航空公司等)?建立公众号的目的,是选择公众号类型的依据。

订阅号:如果是为了给用户提供一种新的信息传播来源,建议选择订阅号。订阅号每天都能推送1次,传播力强,可以保证及时把信息传给用户,加深用户的印象,方便打造自己的品牌。而服务号每月只能推送4次,可能会有很多信息不能及时传递给用户。

服务号:如果是为了提供服务,建议选择服务号,相比订阅号,服务号认证后能获得更多的功能,如高级接口能力、微信支付-商户功能,而认证后的订阅号只有部分可以开通微信支付功能,考虑到这一点,选择服务号更合适。下面举两个例子。

在服务号中,用户可以直接在公众号的菜单栏内查询话费流量套餐,也可以办理各种业务,或领取各种福利。

在某航空服务号中,用户可以在菜单栏接入的小程序中预订机票,还能办理登机牌。由此可见,服务号可以给用户提供更完善的功能,用户只要在需要时使用即可。

对于订阅号和服务号的选择，读者应该从实际需求出发。虽然服务号每月只有4次推送机会，但是对发文频率要求不高，加上大家微信里关注的公众号数量较多，订阅号因为是折叠的，只有几十分之一甚至几百分之一的概率被用户打开，点击率极低，但服务号消息显示在好友列表中，推文被打开的概率要比订阅号高出好多，从这一点来看，服务号还是有一定优势的。

很多大V的运营方式都是先在用户那里积累了一定程度的口碑和信任度再去做一些支付功能的其他服务。这里以某育儿主题的公众号举例。

第1步：该公众号旨在提供科学育儿知识，前期频繁地在订阅号中给宝爸宝妈推送一些实用的干货，获得用户好感，从而提升自身品牌价值，不断提高用户的认可度，成功创造了个人IP。

第2步：拥有大量粉丝后，在另一个服务号上向用户提供一些跟育儿有关的收费知识或玩具。这样就很容易被用户接受，不易引起反感，而且颇受好评。现在小程序比较火，运营者又用小程序提供产品和服务，也受到很多粉丝的喜爱。

1.5 注册微信公众号，花5分钟就够了

可注册微信公众号的主体有媒体、企业、其他组织和个人等，注册的主体不同，需要提供的资料内容也不同。注册微信公众号并不复杂，只要根据系统的提示来操作就可以了，几分钟就能搞定。

目前根据微信公众平台的要求，个人类主体可注册公众号数量上限调整为1个，个体工商户、企业、其他组织可注册和认证公众号个数调整为两个；若注册数量已达到上限，可在注册时提示达到上限的页面中申请提升注册数量上限，互联网信息内容主管部门审批通过后，审核结果会通过邮件、管理员微信号通知。媒体类主体可注册和认证50个公众号，若已达到上限则不支持继续申请。

1.5.1 注册服务号

下面来尝试着注册一个公众号吧(这里以注册服务号为例)。

01 在浏览器里搜索"微信公众平台",然后进入平台官网,单击网页右上方的"立即注册"链接,进入注册页面。

02 进入注册页面后,选择类型,进入基本信息填写页面。这里以注册服务号为例,所以此处单击"服务号",进入基本信息填写页面。

03 在基本信息填写页面中,运营者需要填写邮箱地址作为公众号的登录账号(每个邮箱仅能申请一种账号)。注意,填写的邮箱必须是没有注册过公众号,没有在微信开放平台上注册过,也没有和个人微信号绑定的邮箱。如果填写的内容不符合要求,会有红色文字进行提醒。

第 1 章 认识及注册微信公众号

提示

有时输入邮箱后会显示"该邮箱已被占用",让人误以为该邮箱注册过,找回密码时却显示"您输入的邮箱未被注册"。笔者帮朋友注册公众号时,遇到过很多次这类情况,这可能是个人微信号绑定了该邮箱造成的。解决办法是打开个人微信,在"我>设置>账号与安全>更多安全设置>邮箱地址"处解除绑定。邮箱被解除绑定后就可以作为公众号的登录账号了。

04 单击"激活邮箱"按钮 后,该邮箱会收到验证码。

017

05 查看验证码后，返回基本信息填写页面填写验证码和账号密码。信息填完后，勾选"我同意并遵守《微信公众平台服务协议》"选项，然后单击"注册"按钮 注册 。

06 进入"选择类型"页面，先选择注册地，然后单击"确定"按钮 确定 。

07 选择公众号的类型，刚才选择的是"服务号"，这里继续选择"服务号"，此时页面上会出现提示，确认公众号类型，确认无误之后，单击"确定"按钮 确定 。

第 1 章 认识及注册微信公众号

08 根据主体类型填写各自所需的信息。除了个人以外，其他的主体都可根据营业执照上面显示的机构类型选择对应的主体类型，申请的账号的功能都是一样的。

> **提示**
> 运营者可以通过自己平台的运营领域判断公众号主体，也可以通过网络查找这方面的归类信息。

019

操作到这里，就进入了注册的最后一步，下面针对不同主体来说明注册时的区别。

媒体类主体注册

需要填写组织名称（信息通过审核后，组织名称不可修改）、组织机构代码（9位组织机构代码，或18位统一社会信用代码，或15位注册号），同样需要管理员身份证姓名、管理员身份证号码（年龄需要满18周岁）、管理员手机号码和短信验证码。媒体类主体需立即申请微信认证确认主体真实性，在认证完成之前暂时无法正常使用公众号的功能。

企业类主体注册

企业类主体注册时需要选择企业的类型（企业或个体工商户），填写企业名称（信息通过审核后，企业名称不可修改）、营业执照注册号（15位营业执照注册号或18位统一社会信用代码），同样需要填写管理员身份证姓名、管理员身份证号码（年龄需要满18周岁）、管理员手机号码和短信验证码。

其他组织类主体注册

其他组织类主体需要填写组织名称（通过审核后，组织名称不可修改）、组织机构代码（9位组织机构代码，或18位统一社会信用代码，或15位注册号），同样需要填写管理员身份证姓名、管理员身份证号码（年龄需要满18周岁）、管理员手机号码和短信验证码。

09 填写完所有信息之后，单击"继续"按钮，即可完成最后一步。上述这些主体除了可以注册服务号外，也可以注册订阅号。

1.5.2 注册订阅号

个人类主体只能注册订阅号,无法注册服务号。

01 个人类主体的信息登记非常简单,只需要填写身份证姓名、身份证号码、管理员手机号码和短信验证码,然后用绑定了管理员银行卡的微信扫码验证就可以了。

提示

注册公众号时会要求填写管理员信息,微信公众平台没有强制规定管理员必须是法人或经理等,在注册完成后管理员也可以更改;目前管理员信息仅支持用年满18周岁的人的身份证和手机号进行登记。

02 填写完信息之后需要认真检查一遍，确认所有内容无误之后单击"确定"按钮 ，进入"公众号信息"页面。在这个页面中填写公众号的账号名称（4~30个字符，1个汉字算2个字符）、功能介绍（4~120个字，介绍公众号功能与特色）和运营地区，单击"完成"按钮 ，属于你的微信公众号就注册成功了。

03 单击"前往微信公众平台"按钮 ，让我们看看新注册好的微信公众号吧！首页中有3个0："新消息"为0，"新增人数"为0，"总用户数"为0。让我们一切从零开始吧！

提示

一旦微信公众号注册成功，就可以长期使用，但根据目前的公众号运营规范，账号出现连续210天未登录等情况，是有可能被终止使用的，所以运营者注册成功之后，需要经常使用。

1.6 微信公众号的基本设置

微信公众号注册完成之后，后续可能会想要修改公众号的基础信息或对功能进行一些设置，例如想换一个公众号的名称、修改公众号的头像或添加运营者等，这些都是可以实现的。

1.6.1 账号详情修改

移动鼠标指针到首页右上角，单击"账号详情"进入"公开信息"页面之后，可以看到账号的头像、名称、微信号、账号类型、功能介绍、认证情况、所在地址、主体信息、相关小程序，如果管理员要修改名称、微信号、介绍，单击右侧的"修改"即可修改指定目标。

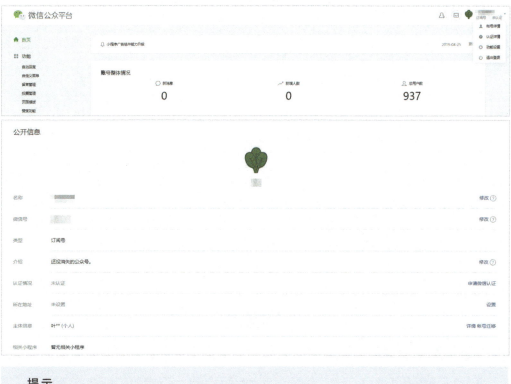

提示

读者也可以在"设置"中单击"公众号设置"，同样能进入上述界面。

修改公众号头像

将鼠标指针移动到公众号的头像框位置,出现"相机"图标后单击它,即可修改公众号头像。

公众号的头像一个月可申请修改5次,注意头像不允许涉及政治敏感内容与色情内容,头像只支持BMP、JPEG、JPG、GIF和PNG格式,大小不得超过2MB。

下载公众号二维码

每个公众号都会有属于自己的二维码,运营者通常会放一个公众号的二维码在文章的底部。单击头像下方的二维码,进入下载页面,然后再选择合适的尺寸,单击"下载链接"图标进行下载。

更多尺寸

二维码边长(cm)	建议扫描距离(米)	下载链接
8cm	0.5m	⬇
12cm	0.8m	⬇
15cm	1m	⬇
30cm	1.5m	⬇
50cm	2.5m	⬇

二维码尺寸请按照43像素的整数倍缩放，以保持最佳效果。

线下物料素材

公众号码与搜索框结合物料，可引导用户通过扫码和微信搜一搜双重方式找到公众号。物料包含：搜一搜公众号物料图片，源文件以及物料设计规范，查看示例

关闭

修改个人类账号的名称

01 单击右侧的"修改"，然后需要使用绑定管理员银行卡的微信扫描二维码，进行身份验证。

02 阅读微信协议，单击"同意并进入下一步"按钮 同意并进入下一步 。

027

03 输入想要修改为的名称，注意新的微信公众号名称不能与已有公众号名称重复，如果重复，会有红字提醒。

提示

个人类账号在一个自然年内只能被主动修改两次名称；非认证个人类公众号目前在微信认证过程中有一次更改账号名称的机会，认证审核费用为300元/次；已认证非个人类公众号在每年的年审过程中有一次重新更改账号名称的机会，如果账号未到年审时间，也可提前进行年审，同样需要缴纳认证审核服务费300元/次，认证状态将在原通过认证有效期基础上再保留1年。

提交的微信公众号认证名必须符合微信认证命名的规则。

一个自然年内只能申请修改1次微信号。

微信公众号的账号类型自注册成功后不可修改。

功能介绍在每个月内只能申请修改5次。

1.6.2 功能设置

"功能设置"页面包含"隐私设置""图片水印"和"JS端口安全域名"3个部分。

隐私设置： 可设置是否允许用户通过名称搜索到该公众号，一般建议选"是"。

水印设置： 可对图文消息和图片消息进行添加水印处理，包含"使用微信号""使用名称"和"不添加"3种方式。若选择添加水印，那么上传图片之后系统会自动在图片右下角添加水印。有设计能力的运营者可以在作图软件中做好个性化的水印，然后在这里选择"不添加"，个性化的水印会比系统自带的美观很多。

1.6.3 微信公众号的人员设置

本小节主要介绍微信公众号的人员设置方法。

💬 管理员信息的修改

在注册微信公众号的时候，运营者扫码绑定的微信号将作为公众平台管理员的微信号，公众平台自动为该微信号开启登录保护。为了保护账号安全，提高账号的安全性，后续每次登录账号时都需要扫码验证才可登录，且不能关闭。如果有人员变动，管理员微信号可以更改，需要注意的是，个人类主体注册的账号目前暂不支持修改管理员的姓名、身份证信息，只可修改管理员的手机号和微信号。其他类型的主体账号可以扫码，待验证通过后重新填写信息并验证手机短信验证码，然后用新微信号扫码，成功后成为新管理员微信号。

修改个人类主体账号管理员信息

01 在平台首页左侧的"设置"下选择"人员设置"。

02 单击右上角的"修改",用管理员微信号扫码,进行安全验证。

03 验证完成后,输入管理员新的手机号,填写短信验证码,然后用绑定管理员银行卡的新微信号扫码,扫码之后在手机上确认,即可更改管理员的微信号。

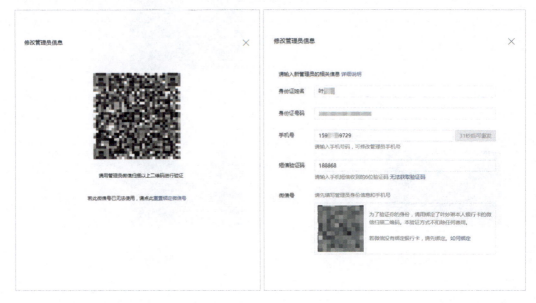

修改企业、媒体等类型的主体账号管理员信息

01 同样,在平台首页左侧的"设置"下选择"人员设置"。

02 单击右上角的"修改",用管理员微信号扫码进行安全验证,然后填写新管理员的身份证姓名、身份证号码、手机号、短信验证码和微信号,接着用新管理员绑定银行卡账号的微信号进行扫码,在手机上确认,即可更换为新管理员。

绑定运营者微信号

通常情况下，微信公众号除了管理员还会需要运营者，一般管理员都会绑定公司领导或法人的微信号，但公司领导并不会亲自运营公众号，所以需要其他的运营者来运营公众号。每个公众号可由管理员添加并绑定5个长期运营者微信号（长期运营者无绑定时间限制）、20个短期运营者微信号（短期运营者只有1个月的运营权限）。

01 在"人员设置"的"运营者管理"中单击"绑定运营者微信号"按钮，进入"微信验证"页面来绑定运营者。

02 绑定运营者时可选择"长期"或"短期（一个月）"，然后输入需要绑定的运营者微信号，搜索之后单击"邀请绑定"按钮 。

03 待管理员再次扫码验证后，被邀请的运营者手机就会收到邀请提醒，可选择接受或拒绝，若24小时内未进行操作则视为拒绝。在手机上点击"同意操作"按钮 后，即可成为该公众号的运营者。绑定了微信号（长期/短期）的运营者无须管理员确认即可直接登录公众平台和进行群发操作。

04 如果需要撤销绑定运营者微信号，只需要单击"解除绑定"，由管理员扫码确认后，即可解除绑定。

05 在手机上点击"确定"按钮 ，即可撤销绑定。

1.6.4 微信公众号认证

微信认证是目前微信公众平台为了确保公众号信息的真实性和安全性，提供给微信公众号进行认证的服务。微信认证后，用户除了将在微信中看到微信认证特有的"V"标识外，点击账号主体可查看认证详情，还可以获得更丰富的高级接口和更有价值的个性化服务。

微信认证需要一年进行一次，微信公众号如果不按时进行微信认证，那么当认证到期之后，虽然账号可以继续群发消息给用户，但微信认证名称加"V"会被取消，部分高级功也将无法继续使用，例如订阅号不可在自定义菜单中插入外链，"发送信息"暂不支持纯文字类型，服务号支付功能、授权等高级接口将被停用。注意，目前个人类的订阅号无法开通微信认证。

账号类型	微信认证费用	微信认证后特权
订阅号	政府及部份组织（基金会，国外政府机构驻华代表处）免收认证费用；其他类型认证需要缴纳300元/次。期限：1年	1、自定义菜单（可设置跳转外部链接，设置纯文本消息） 2、可使用部份开发接口 3、可以申请广告主功能 4、可以申请卡券功能 5、可以申请多客服功能 6、公众号头像及详细资料会显示加"V"标识
服务号		1、全部高级开发接口 2、可申请开通微信支付功能 3、可以申请开通微信小店 4、可以申请广告主功能 5、可以申请卡券功能 6、可以申请多客服功能 7、公众号头像及详细资料会显示加"V"标识

温馨提示：
1、个人类型公众号暂时不支持微信认证。（除2014年8月24日前注册成功且条件满足的公众号可以认证）。
2、政府与媒体类订阅号认证后可申请微信支付。
3、申请微信认证，填写的认证主体与当前公众号主体信息保持一致，否则可能无法通过审核。

在首页的"设置"下选择"微信认证"，在"微信认证"页面中选择"开通"，进入"开通微信认证"页面，请认真阅读提示，然后单击"我知道了，开始申请"按钮 即可进入申请流程。认证申请主要分为5个步骤：同意协议→填写资料→确认名称→填写发票→支付费用。

第 1 章 认识及注册微信公众号

提示

需要注意的是不同类型的主体需要准备不同的资质证明材料。

01 仔细阅读《微信公众平台认证服务协议》的内容，并勾选"我同意并遵守上述的《微信公众平台认证协议》"，接着单击"下一步"按钮 下一步 。

02 进入"填写资料"页面，选择"机构类型"，上传最新的营业执照；填写对公账户信息，包含"开户名称""开户银行""对公银行账号"，若无对公账户，则需要先办理对公账户；填写认证联系人信息，包含"联系人姓名""联系人电话""短信验证码""联系人座机""电子邮箱""联系人身份证号码"；用绑定了联系人银行卡的微信号扫描二维码验证，单击"下一步"按钮 下一步 。

035

提示

不同类型的主体需要提供的资料不同，这里以企业法人为例，需要上传加盖公章的公函原件照片或扫描件，公函模板可以直接下载。上传的营业执照要求为原件照片、扫描件或加盖公章的复印件，支持JPG、JPEG、BMP、GIF、PNG格式，大小不超过5MB。

03 进入"确认名称"页面,如果不需要改账号名的话,可以沿用当前的账号名;如果需要修改账号名,可以在这个时候修改,名称保护会在进入认证审核后生效,否则,其他账号仍可申请使用该名称。操作完成后单击"下一步"按钮 。

提示

保护注册商标原则:账号名不得侵犯注册商标专用权,否则将无法通过审核或面临诉讼。
认证命名唯一原则:账号名不得与已认证账号重复,否则将无法通过审核。

04 进入"填写发票"页面,选择发票类型,上传营业执照的照片,填写纳税识别号,写上发票邮寄地址即可。

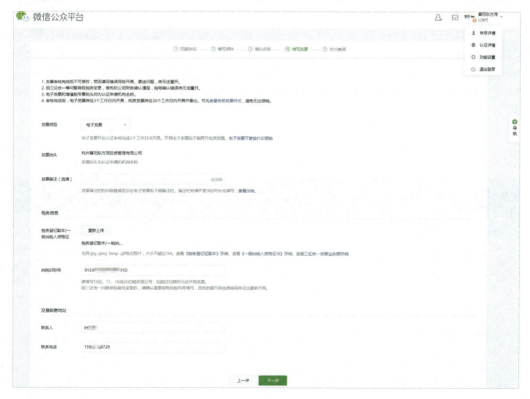

05 使用微信扫描二维码支付300元微信认证服务费。

> **提示**
>
> 微信认证服务费是为腾讯提供的审核服务支付的一次性费用，目前的年审费用是300元/次，认证服务费不以通过认证为前提，也不受认证结果和认证状态影响，也就是说即使未通过认证，也需要支付这300元的费用。

1.7 微信公众号运营规范

在运营者真正开始运营微信公众号前，必须了解微信公众号的运营规则。如果违反平台规则，平台将根据违规程度对公众号采取相应的处理措施，甚至封号或注销。因此在运营前，运营者一定要去查看公众号的运营规则。在微信公众平台上，不管哪个页面，底部都有一个菜单栏，运营者可以单击"运营中心"，进入"微信公众平台运营中心"页面，查看"注册""认证""公众号行为""公众号发送内容"和"数据使用"等运营规范。

第 2 章

轻松上手微信公众平台操作

2.1 花 3 分钟，学会推送步骤

有些人运营公众号既不是因为兴趣，也不是因为爱好，而是被逼无奈。笔者的一个朋友原本在公司做设计，某一天领导突然记起公司有一个荒废很久的公众号，领导认为她是一个机智的年轻人，便把曾经的公众号账号丢给她，要求她在下班前发一篇推文。她之前没有运营过任何公众号，因为时间紧迫，来不及自学，所以问了我一系列问题，例如"微信推文怎么发呀""图片怎么插入啊""怎么发给自己核对一下呀""这个提示是什么意思"和"到底怎么弄呀"等。如果你遇到像笔者朋友的这类情况，别着急，跟着下面的步骤操作，3分钟就能学会如何发送推文。

2.1.1 单篇推文推送

下面介绍单篇推文的发送方法。

⊙ 登录公众号

打开微信公众平台官网的登录页面，输入公众号的账号和密码，单击"登录"按钮 登录 。

> **提示**
> 如果账号是管理员或已经被绑定到该公众号上的运营者，可以直接用微信扫二维码进入平台。如果账号不是管理员或运营者，扫码之后则不能直接进入平台，而是会在管理员的手机上弹出请求登录的消息，管理员在微信上确认后才能登录。这样的双重保护使公众号账号更加安全，即使密码泄露，未经管理员允许，陌生人也无法登录。

第 2 章 轻松上手微信公众平台操作

素材管理

进入平台后,在首页最左侧的菜单中找到"管理",单击"素材管理"进入"素材管理"页面。单击页面右侧的"新建图文素材"选项,创建一个新的图文素材编辑页面。

提示

进入该页面后,必须填写的内容有文章的标题、正文内容和封面图。

①作者栏可以不填写。如果内容为原创的,则可以填写作者名字以进行原创声明。

②如果需要插入图片,则单击工具栏中的"图片"选项,从本地磁盘/图片库中选择对应图片插入即可。

③如果需要添加视频,单击"视频"选项。注意,上传的视频时长需小于30分钟;如果视频时长超过30分钟,可将视频上传到腾讯视频中后再添加。

④如果需要添加音频文件,那么文件的大小不能超过200MB,且时长不能超过1小时,音频格式应为MP3、WMA、MAV、AMR或M4A。

另外,在图文素材编辑页面中写文章时,一定要养成随时保存的习惯。

💬 封面和摘要

01 摘要栏的内容通常为概述推文的文字。如果不填写,那么系统会自动抓取正文中的前54个字。用户在给他人分享文章时,在微信对话框中会显示摘要,这是一个体现细节的地方。因此,建议运营者尽量手动填写文章的摘要,把控好每一个细节。

02 完成摘要的填写后需要给文章挑选一张合适的封面图。封面图是整个文章的门面,重要程度不低于文章标题。将鼠标指针移动到"选择封面"位置,界面中会弹出"从正文选择"和"从图片库选择"两个选项。如果正文中有合适的图片,可以使用"从正文选择"选项来选择正文中的图片作为封面图;如果正文中没有合适的图片,可以自己设计或从网络上找合适的图片作为封面图,然后通过"从图片库选择"上传本地磁盘中的图片。

> **提示**
>
> 在选择图片时要特别注意图片的版权问题!版权问题一定不能忽视,很多新媒体人因侵犯版权而背负了巨额的经济赔偿。

03 有时候并不是选择好封面图就能直接使用,可能还需要裁剪图片。公众号推文封面图的比例是2.35:1或1:1。企业通常会要求设计师制作900像素×383像素的图片,如果封面图不是这个比例的,则上传图片之后需要再通过调整裁剪框的位置和大小,选择合适的区域作为封面图。

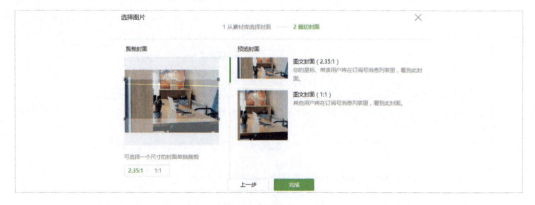

04 截取合适的内容作为2.35∶1比例的封面图，然后单击"1∶1"，以此为基础调整出1∶1比例的封面图。

> **提示**
> 这两种比例的封面图（单篇推文）有什么区别？这两种比例是根据用户的阅读和标注情况而定的。如果用户不经常阅读或未星标该公众号，那么封面图在用户的微信列表中显示为小版面封面图（1∶1）；如果用户经常阅读或星标了该公众号，那么封面图在用户的微信列表中显示为大版面封面图（2.35∶1）。

推文预览

推文设置完成后，运营者可在自己的手机上进行查看。单击页面最下方的"预览"按钮 ，输入自己的微信号，单击"确定"按钮 后就可以在自己的手机上查看公众号推文。如果领导要进行预览和审阅，可以按Enter键分隔，输入多个微信号，从而实现多人同时预览检查。

💬 推文发送

01 在发送之前，需要在手机上仔细检查有无错别字，以及信息是否完整和正确等，确认文章无误之后单击页面最底部的"保存并群发"按钮 。

02 单击"群发"按钮 后会弹出确认群发提示，单击"继续群发"按钮 ，让管理员或运营者扫描二维码进行验证，在手机上确认之后，推文就被发送出去了。

2.1.2 多篇推文推送

前面讲解了发送一篇推文的方法，那如果领导要求一次性发送多篇推文，又应该如何操作呢？

01 将鼠标指针移动到编辑区域左侧的"+"上，会出现6个选项，这里选择"写新图文"，文章下方就会出现新图文素材编辑区，操作与前面讲解的一样。

02 添加多篇推文之后，第1篇推文被称为"头条"，正常情况下阅读量是最高的，头条后面的推文称为"次条"，次条的阅读量在正常情况下为头条的1/3。微信公众号一次最多可以发送8篇文章，但在手机上订阅号推送的推文只能显示前两篇，其余内容都被折叠起来了，只有点击"余下×篇"才可以查看余下的推文。

提示

这里读者可能会有一个疑问，那就是应该如何安排文章的顺序。在订阅号中，第3条以后的文章被打开的概率非常低，因此运营者要合理安排"次条"的顺序，把相对重要的文章放前面。

在图文素材编辑页面中，将鼠标指针移动到需要调整顺序的文章上，会出现上下箭头，单击相应的方向箭头即可更改文章的上下位置。另外，还可以单击"删除"按钮 将文章删除。

文章编辑完成后，如果不需要立即群发，可以保存起来。此时该文章就静静地躺在"素材管理"中，如果想要再进入编辑页面进行修改的话，可以把鼠标指针移动到该文章上面，这时候会出现"编辑"按钮 ，单击它就可以重新进入图文素材编辑页面了。

2.2 公众号数据一目了然

公众号是面向用户群体的，所以用户和内容的数据分析是重中之重。

2.2.1 公众号整体数据情况

运营者登录公众平台后，在首页中就能看到该公众号整体的数据情况，包含"新消息""新增人数"和"总用户数"。

💬 总用户数

"总用户数"表示目前关注该公众号的人数,这个数据是实时更新的,只要关注人数有增减,数值马上就会变化。单击总用户数值之后,可以进入"用户管理"页面中查看所有关注该公众号的用户。当然,在首页的"管理"中单击"用户管理",也可以查看。

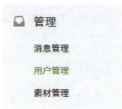

💬 新消息

新消息数值"1"表示后台有1条用户消息,单击"新消息"后会进入"消息管理"页面,可以查看近5天内用户发来的消息,5天之前的消息无法查看。注意,多媒体类的消息(图片、语音、视频等)在用户发来3天后就无法查看了,所以要经常登录平台,及时查看用户发来的消息。笔者在编写本书之时,无法将用户发送来的消息导出,也无法手动删除用户发送过来的消息,只能等待超时后系统自动清除。

如果想要永久保存用户发来的某条消息,可以单击用户发来的消息旁边的"收藏"按钮 ★ ,点亮后即可将该消息收藏,然后在"已收藏的消息"中可以查看所有收藏的消息。

如果运营者需要回复该条消息,单击"回复"按钮，,就可以给用户回复消息。

查看用户消息后返回到首页【可以单击网页的←(部分为<)按钮,也可以单击平台左上方的"微信公众号"Logo】,可以看到"新消息"数值变成0了,这是因为已经查看过了。

提示

运营者除了可以单击"新消息"进入"消息管理"页面,还可以在"管理"中单击"消息管理"进入"消息管理"页面。

新增人数

从截图上可以看到目前平台显示新增人数为9,单击它后会跳转到"用户管理"页面。

看完了"新增人数"后返回到首页,可以看到这里的数据也变成了0,说明显示在这里的数据并不是昨日的新增数据,只要单击过就会重新统计,这里显示的数据表示上一次查看数据后累计新增的人数。

提示

运营者除了可以单击"新增人数"和"总用户数"进入"用户管理"页面,还可以在"管理"中单击"用户管理"进入"用户管理"页面。在页面中将鼠标指针移动到某一个用户头像上,可以对用户进行"修改备注""打标签""加入黑名单"等操作,还可以看到用户与公众号的互动情况,例如留言了几次、发送了多少消息、赞赏过多少金额等,都能一目了然。

运营者可以单击右侧的"新建标签"按钮 ，来创建标签分组,然后勾选用户前的复选框,单击上方的"打标签"按钮 ，并选择类别,可以将这个用户归类。归类之后用户昵称下方会显示用户标签。"打标签"可以很好地区别用户,但这个工作需要从公众号创立初期就一直延续,如果等累积好几万用户之后再给每个用户分组打标签,就会变成一件很难实现的事了。

提示

给用户打标签有什么用呢？除了将用户归类之外，打标签最重要的作用是在群发的时候可以根据群发对象来发送。一般情况下，系统会默认推送给全部用户，如果某篇推文针对性特别强，运营者不仅可以按照标签选择群发对象，还可以选择用户的性别进行推送。

2.2.2 用户分析

前面介绍了如何查看账号的整体数据情况，接下来介绍如何分析用户数据。在平台首页中单击"统计"中的"用户分析"，打开的页面中包含"用户增长""用户属性"和"常读用户分析"。

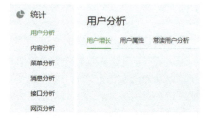

💬 用户增长

在"用户增长"页面中可以看到昨日的4大关键指标："新关注人数""取消关注人数""净增关注人数"（新关注人数 – 取消关注人数）和"累积关注人数"。在下面还可以同时选择时间段和这4类关注人数，得到对应的折线图。

页面底部会根据选择的时间段，显示公众号当日详细的4大类关注人数的表格，"用户增长"的具体数据就可以在这里找到。运营者还可以单击右上角的"下载表格"，将表格下载下来进行记录。

时间	新关注人数	取消关注人数	净增关注人数	累积关注人数
2019-08-19	29	18	11	88426
2019-08-18	46	15	31	88415
2019-08-17	47	10	37	88384
2019-08-06	50	15	35	88113

用户属性

"用户属性"页面包含3项数据："人口特征""地域归属"和"访问设备"。

人口特征： 分为"性别分布""年龄分布"和"语言分布"。在这个页面中可以了解关注该公众号的男女比例、关注者的年龄比例和语言分布，然后根据关注者的特征对公众号进行一些改进。例如关注该公众号的女性占比高，那么就可以多发一些女性感兴趣的内容；年龄占比最高的为26~36岁，那就可以针对这些人群做一些活动。

地域归属： 分为"省级分布"和"地级分布"。运营者可以看到关注公众号的人员的地区分布情况。例如如果是本地的营销号，当然是当地居民关注较多；如果是全国性的公众号，那么可以根据这个数据，举行一些线下活动来与用户互动。

访问设备： 即阅读公众号推送的内容时使用的设备。运营者可以在这里了解到哪些设备使用得更多。例如，阅读该公众号推送内容的设备以iPhone居多，但安卓手机用户也不少，这时就需要权衡苹果手机用户和安卓手机用户，思考某些图标或内容是否在苹果手机上无法显示或出现乱码，以便在管理公众号的时候考虑得更加周全。

常读用户分析

常读用户分析里面有5项具体的数据："常读用户总览""性别分布""年龄分布""城市分布"和"终端分布"。这跟"用户属性"内的内容是相似的，这里只是单独把常读用户再分析一下。

常读用户分析是2019年7月新增的,在这里运营者可以看到常读用户的数量,这个数据可以反映比较真实的活跃用户数量,可将常读用户数量和公众号平常的阅读量结合对比,看公众号的阅读量是否正常。如果需要在某公众号中投放广告,可以提前要求对方提供常读用户数量数据和阅读量数据,如果常读用户数量只有四五千,但是阅读量通常有好几万,可以考虑该公众号是否存在刷阅读量的嫌疑。

2.2.3 内容分析

在首页中单击"统计"下的"内容分析",进入"内容分析"页面,该页面包含"群发数据"和"视频数据"。

💬 群发数据

"群发数据"包含"全部群发"和"单篇群发"。

全部群发

单击"全部群发",运营者可以看到昨日的数据指标——"图文总阅读次数""原文阅读次数""分享转发次数"和"微信收藏人数",在下方可以通过选择时间段得到"图文总阅读"的环状图,以及"原文页阅读""分享转发""微信收藏"的折线图。

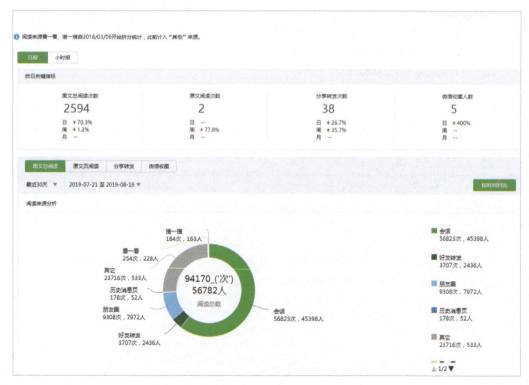

运营者在页面底部还可以通过选择时间段查看这5类数据，单击右上角的"导出Excel"可导出数据，方便运营者对文章数据进行详细的对比分析。

单篇群发

单击"单篇群发"，运营者可以通过选择时间段查看单篇文章的阅读数据，但所选日期跨度不能超过31天。在后台可以看到每篇文章的"时间""送达人数""图文阅读人数"和"分享人数"。

视频数据

"视频数据"包括"全部视频"和"单个视频"。

全部视频

单击"全部视频"，可以查看前一日的视频播放数据——"总播放（次）""总分享（次）"和"完成播放（次）"，在下方的数据明细分析中可以查看视频的播放次数分析和视频播放渠道。

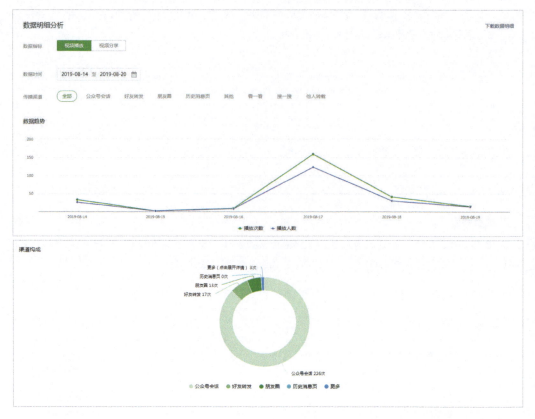

单个视频

单击"单个视频",可以查看视频的名称、"发布时间""播放次数"和"分享次数",单击右侧的"详细数据"可以查看该视频更详细的数据。这个功能特别适合以视频制作为主的公众号。

2.3 你会用这 4 种基础功能插入方法吗

前面介绍了如何发送推文和查公众号的相关数据的方法,接下来将介绍如何在公众号中插入"引用""投票""卡券"和"小程序"这4种功能。

在微信公众平台"管理"下单击"素材管理",然后单击"新建图文素材"按钮 ，进入图文素材编辑页面。

进入图文编辑页面中后,读者可以看到很多功能按钮。后面重点介绍常用的4个基础功能按钮:"引用"功能按钮、"投票"功能按钮、"卡券"功能按钮和"小程序"功能按钮。

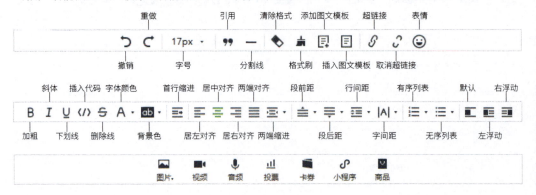

2.3.1 插入引用

如果某段内容并非原创的,而是在某个公众号中或某处看到的,运营者就可以利用引用功能进行标注。使用引用功能是对原创作者的尊重,如果标注了某段话是引用的,那么运营者把文章标注为原创后,微信公众平台在进行原创内容审核时,不会把这段内容计入原创内容。

如果某段文字来自别的微信公众号,运营者可以单击编辑区的"引用"按钮,插入引用格式。

如果引用内容的来源为公众号文章,那么需要选中"公众号文章",填写引用的文本内容,在"查找来源"中选择"输入文章地址"或者"查找公众号文章"。这里选择前者,输入网址之后会直接显示指定推文;如果选择后者,那么还需要查找到对应的文章,比较烦琐。

如果引用的内容是外部内容，那么要先填写引用的文本内容，然后输入引用的文本内容的来源。

2.3.2 插入投票

01 单击编辑区"投票"按钮，选择已发布且在有效时间内的投票。若没有可插入的投票，可以单击右上方的"新建投票"按钮，发布一个新投票。

02 在新建投票时，需要填写相关的投票信息，默认为所有人都可以参与投票（不可更改项）。填写该次投票的名称（这个名称只用于管理，粉丝看不到），然后填写"截止时间"，接着设置该次投票的"标题"和"选择方式"。

提示

如果3个选项不够，可以单击"选项三"旁的"+"增加选项；如果3个可选项太多，可以单击"选项三"旁的"−"删除选项，但至少要保留两个选项。如果选项需要添加图片，可单击"图片"按钮进行添加。上传的图片的合适尺寸为300像素×300像素，且大小不超过1MB，格式为PNG、JPG和GIF。如果有几个问题想要发起投票，可以单击"添加问题"发起多个连续投票。

03 单击"预览"按钮，在自己的手机上进行检查，确认无误后单击"保存并发布"按钮。这时会弹出发布投票页面，并提示"发布投票后投票将不可编辑，是否发布？"，如果没有要更改的内容，单击"发布"按钮就可将内容发布。

04 投票发布并不等于完成，还需要插入推文中，待文章发布之后投票才可使用。发布成功后，返回文章内编辑，单击"投票"按钮，会出现可选择的投票，选择之后再单击"确定"按钮，即可插入文章内。

05 插入了投票的文章发布后，用户可以在手机上进行投票，点击"投票"，投过的选项上会出现"已投"提示，同时也可查看选项的票数。投票功能可以帮助公众号运营者从用户那里收集关于比赛、活动、选举等的数据，检索有效用户信息，增加互动，在后期可以根据用户的一些需求来进行优化。

提示

同一个投票内容如果发布在公众号不同的文章中，投票结果会累计（同一个投票，同一个微信用户仅能投一次）。公众平台仅提供投票功能，无法审核是否存在刷票作弊等行为，如果发现可能存在这类行为，需要公众号运营者自行核实。

06 如果需要改标题、选项等内容，则需要重新创建投票，但投票的截止时间支持更改，可以为从创建时间起半年之内的任意时间，如果活动已经结束，则无法再对截止时间进行修改。单击首页"功能"下的"投票管理"，然后单击"详情"，接着在"投票详情"页面中单击"修改截止时间"，即可修改投票截止时间。

07 待投票截止后，运营者在下方的投票详情页面中可以查看投票的数据，并根据数据分析需要的信息。

> **提示**
> 建议大家做投票时，可以配合抽奖活动，根据投票排名来发放奖品。如果没有奖品，只要内容好，用户也会主动投票的。

2.3.3 插入卡券

在公众号文章里面插入卡券之前，运营者需要先去创建卡券（公众号推文中只能插入普通券，不能插入会员卡等），想要创建卡券，需要在首页的"功能"中单击"卡券功能"。这里主要讲解优惠券的插入方式。

01 单击"优惠券",单击下方的"新建优惠券"按钮 [+ 新建优惠券]。

02 在"创建优惠券"页面中选择"我要创建普通优惠券",可根据需求选择"折扣券""代金券""兑换券""团购券"或"优惠券"(通用券)。这里以选择"优惠券"(通用券)为例,单击"确定"按钮 [确定],进入"填写优惠券信息"页面,填写好以后单击"下一步"按钮 [下一步]。

> **提示**
>
> 下面介绍如何填写优惠券信息。
>
> 　　可以根据需求选择"卡券颜色",设置"优惠券标题",设置优惠券的"有效期"(可选择某一固定日期,也可选择领取之后多久生效和有效时长)。
>
> 设置"可用时段"为"全部时段"或"部分时段"(日期和具体时间段)。
>
> 如果不填写"领券限制"的内容,默认为一个人只能领取一张,填写后以填写内容为准。
>
> "使用条件"用于设置是否与其他优惠同享。
>
> 对于优惠券的"封面图片",图建议尺寸为850像素×350像素,大小不超过2MB。
>
> 注意,"封面简介"不能空着,且不得超过12个汉字。
>
> "优惠说明""使用须知""图文介绍""商户介绍"和"自定义入口"均为选填内容,可不填写。

03 进入"功能设置"页面，设置优惠券的"库存"；然后选择"核销方式"（可选择"自助核销"或"用扫码核销"），"自助核销"指顾客自己点击核销按钮，可自主完成核销，这个方法对店家来说比较方便，可减少店员操作，但是顾客操作时很容易失误，例如顾客很容易在领取卡券之后，在未到店之前就不小心将卡券核销掉了，那顾客到店后就无法再使用卡券了，所以如果使用自助核销的话，需要再另外配置核销码；选择"适用门店"并设置"操作提示"，"操作提示"可写"到店出示卡券后核销"，确认无误后单击"提交审核"按钮，卡券就制作好了。

04 与投票功能一样，运营者需要返回到图文素材编辑页面，单击"卡券"按钮，插入制作好的卡券，待发布之后顾客就可以使用卡券了。

提示

那么运营者需要如何设置核销呢?

自助核销

（1）在"卡券功能"中单击"卡券核销"，然后单击"自助核销配置"，配置核销码。

卡券功能

卡券概况 | 优惠券 | 会员卡 | 卡券投放 | **卡券核销** | 经营工具 | 数据与对账

手机核销 | 网页核销 | 自助核销配置

（2）单击"添加验证码" [添加验证码] ，可配置核销码。配置核销码后需要提前将核销码告知负责核销的店员。店员可以凭借此验证码核销该公众号下发的优惠券（核销码是通用的，可以核销该公众号下所有的优惠券）。顾客到店后，需要询问店员或由店员输入核销码才能完成销券，这样可以减少未使用卡券但不小心核销掉的情况发生。

用扫码核销

除了自助核销，还可以扫码核销。一般情况下扫码核销的情况会多一些，扫码核销可以选择扫二维码、条形码或手动输入卡券号等方式。

（1）在"卡券功能"中单击"卡券核销"，然后单击"手机核销"。店员的手机必须先关注"卡券商户助手"公众号，然后运营者单击"添加核销员"按钮 [+ 添加核销员] ，选择核销员所在门店，即可添加核销员。

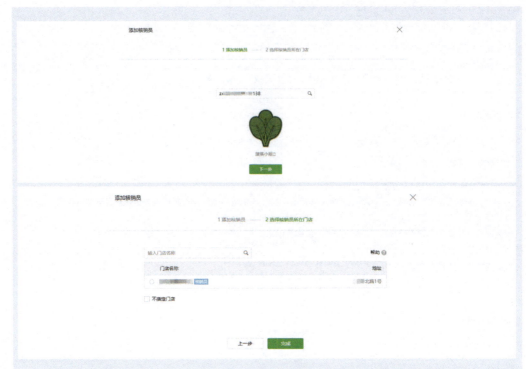

（2）店员打开微信公众号"卡券商户助手"，点击菜单栏上的"扫一扫核销"即可对顾客的卡券进行核销。核销之后，可以在"数据与对账"的"核销记录"里面，根据卡券类型和时间查看卡券核销的情况。

2.3.4 插入小程序

微信小程序是一种不需要下载安装即可在微信内使用的应用，用户用微信扫一扫或者在微信上搜一下即可打开小程序。微信小程序打开之后随时可用，但又无须安装卸载。小程序和公众号关联之后，可以实现公众号与小程序之间的相互跳转，使用起来非常便捷，受到广大用户的喜爱。

01 在编辑区中单击"小程序"按钮，然后在搜索框内输入想要插入的小程序名称、AppID或账号原始ID。输入后，会在下方显示小程序的头像和名称，核对无误之后，单击"下一步"按钮，即可进入详细信息页面。

提示
由于小程序的AppID、账号原始ID的获得方式比较复杂，建议直接输入小程序的名称。

02 "小程序路径"默认显示为小程序的首页，也就是说，如果不更改路径，用户打开插入的小程序后，会跳转到小程序的首页。在很多时候，运营者希望用户直接跳转到小程序指定的页面，这时候就需要获得更多页面路径了。

03 单击"获取更多页面路径"，会弹出操作提示。在"开启入口"中输入运营者的微信公众号，然后单击"开启"按钮。

04 在刚才选择的小程序中点击右上角的菜单按钮（3个点），点击"复制本页面路径"，这样运营者就可以获得任意一个需要的页面路径。

05 获得某一页面路径之后，将其粘贴到"小程序路径"中。

06 在"展示方式"中可以设置小程序在公众号中的展示方式。"文字"表示输入文字内容后，单击文字即可跳转到小程序；"图片"指选择一张图片并上传，单击图片后即可跳转到小程序；"小程序卡片"指显示小程序的名称，同时可以自定义展示的图片内容，图片比例建议为5∶4，大小不超过2MB，且暂不支持动图；"小程序码"指下方无任何提示。运营者可以根据需要来选择展示方式，单击"确定"按钮 ，即可将小程序插入到公众号文章内。

2.4 你会玩这些进阶功能吗

除了编辑区内常用的功能，公众号还有很多其他的功能。在首页的"功能"中单击"添加功能插件"，运营者可以看到插件库里面所有的插件。单击需要的插件开通之后，插件就会在首页左侧"功能"中显示。因为篇幅有限，所以本节主要介绍3个常用的功能插件：留言管理、赞赏功能、原创管理。

> **提示**
>
> "微信小店""客服功能""卡券功能""摇一摇周边""电子发票""一物一码"，以及"设备功能"（个人类主体暂无这项插件）这几个功能插件开通的条件为"必须开通微信认证"。因为个人类主体的账号目前无法开通微信认证，所以不可使用这些功能插件。其他类主体的账号只要开通了微信认证，即可添加和使用这几个功能插件。
> "微信连Wi-Fi"功能插件的开通条件为：需要有线下经营场所，且拥有至少一台Wi-Fi上网设备。
> "门店小程序"功能插件的开通条件为：主体为企业、媒体、政府或其他组织的公众号。

2.4.1 留言管理

如果公众号是在2018年3月12日之前注册的，可以获得留言功能；如果是之后新注册的，则没有留言功能。这是因为留言功能在2018年3月12日已经被限制使用，当然，也不排除后期会开放该功能。

那么如果运营者需要运营管理的账号是在2018年之前注册的，该怎么使用留言功能呢？公众平台跟留言有关的设置在两个地方：一个是图文素材编辑区底部的"留言"，一个是首页的"功能"内的"留言管理"。

💬 编辑区底部的留言设置

在"素材管理"中单击"新建图文素材"或打开已编辑好的图文素材，滚动到页面最底部，运营者可以看到文章底部有一个"留言"复选框，默认为勾选，表示所有人均可留言，即发布之后，所有打开这篇推文的用户都能在推文底部看到"写留言"按钮，点击即可输入留言。

如果在"留言"选项中选择"仅关注后可留言"，那么文章发布之后只有关注该微信公众号的用户才可以留言。若不勾选"留言"，那么这篇文章就不允许任何人留言。

提示

将推文设置成"仅关注后可留言",有利有弊。如果别人想留言,就必须关注公众号,虽然可以增加关注用户数量,但这种做法会引起用户的反感,反而会丢失用户的好感,得不偿失。当然,具体情况需要具体分析,不能一概而论。

如果运营者不小心关闭了留言功能,想要重新开启留言功能,可以在平台首页"管理"的"留言管理"中找到这篇推文,然后在右侧开启留言功能。同样,运营者也可以在这里关闭留言功能,使用户无法留言。

精选 / 置顶 / 回复 / 删除留言

在推文发送后,如果有用户在推文底部写了留言,公众平台首页左侧"功能"中的"留言管理"旁会显示红色的数字,表示此时的留言数量。单击"留言管理",页面左侧会显示文章标题,右侧显示每篇文章对应的留言。

选择左侧的文章标题,右侧就会显示文章对应的全部留言,运营者可以对用户的留言进行精选、置顶、回复和删除4种操作。

当"精选"图标☆被点亮后,用户的留言才会显示到推文底部,用户的留言被精选之后,该用户微信上会弹出入选通知,这时候所有打开这篇推文的用户都能看到这条留言。目前可精选的留言数量上限为100条,精选留言也可以撤销,再单击一次"精选"按钮★就可以取消精选,但用户不会收到撤销提醒。

单击"置顶"按钮，这条留言会被放置到留言最顶部,用户在留言区中可以看到留言被置顶提醒。

单击"回复"按钮，运营者可以回复用户的留言,用户留言被回复之后,会在微信上收到回复提醒。如果留言被精选,那么回复内容也会显示给所有人;如果留言未被精选,那么只有留言者可以看到回复的消息。

第 2 章 轻松上手微信公众平台操作

提示

如果运营者在文章内漏写/错写了某些内容,可以在文章的底部留言,然后将自己补充的留言内容精选并置顶,也算是一种临时性的补救措施。

2.4.2 赞赏功能

赞赏功能是鼓励原创作者的一项功能。用同一个作者名新发布3篇原创文章后,公众号就获得一个赞赏账户邀请名额,用新的作者名达到发布要求后可再获得一个赞赏账户邀请名额,但每个公众号最多可获得3个赞赏账户邀请名额。如果运营者看到公众号显示只可邀请1个赞赏账户,则表示在该公众号上只有一个作者名发表过3篇以上的原创文章。

01 单击"功能"中的"赞赏功能",单击页面中的"邀请"按钮 ,进入赞赏账户邀请页面。

02 填写被邀请人的完整微信号，按Enter键搜索，确认无误之后，单击"邀请"按钮，然后在弹出的页面中单击"发送"按钮。

提示
发送后，被邀请的用户微信上会弹出服务通知。

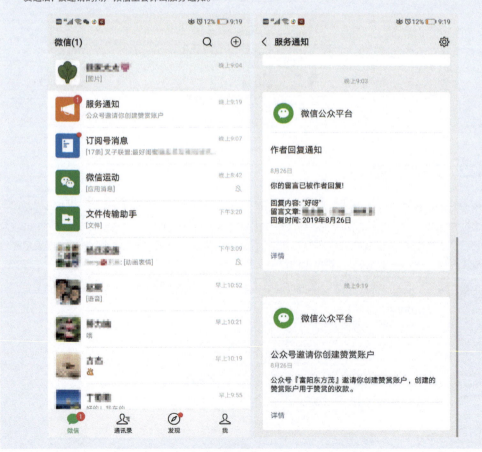

03 进入"赞赏账户"小程序。点击"开始创建"按钮，然后按要求填写内容，最后点击"提交"按钮。

04 赞赏账户创建之后，可以进入"赞赏账户"微信小程序，点击头像之后可以对赞赏账户的"收款设置"（赞赏引导语、赞赏金额）、"收款公众号"（添加、移除）、"我的信息"（作者简介）和"查看我的介绍页"等进行设置。

> **提示**
>
> 因为该功能暂时没有撤回机制，运营者在设置赞赏账户的时候需要谨慎。如果被邀请者没有创建账户，24小时后会重新释放邀请名额。如果已经创建过赏赞账户，那么在任意一个公众号上都可以直接使用该账户，且不会占用3个赞赏账户邀请名额。

2.4.3 原创管理

原创功能是保护原创作者劳动成果的一项功能。现在虽然不是每个公众号都有留言功能，但每个公众号都有原创功能，只要是原创文章，就可以在图文素材编辑页面的底部单击"声明原创"按钮，输入作者名字，标注为原创文章。

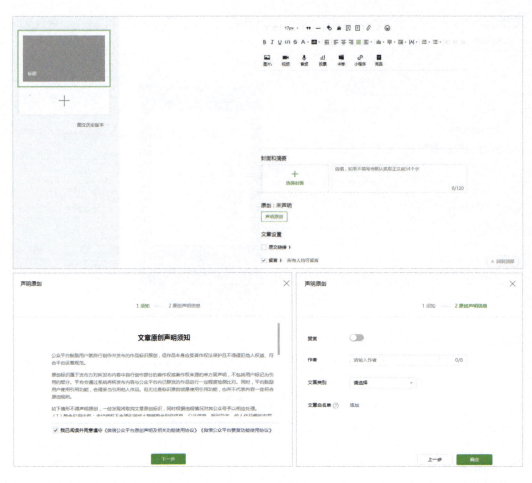

如果作者已开通赞赏账户,运营者在发布原创文章的时候,还可以开启"赞赏",选择作者的赞赏账户名称,然后选择文章的类别,最后确认是否有要添加到白名单中的公众号。

声明原创后，文章发布后顶部作者栏旁会显示"原创"标记，点击作者名，会跳转到作者的个人页面中，显示所有该作者标记为原创文章的文章。

文章开通"赞赏"后在该篇文章底部会出现"喜欢作者"按钮 ，点击"喜欢作者"按钮 可以给作者打赏，作者可以在"赞赏账户"中设置打赏的金额。用户的赞赏会在7天后到达赞赏账户对应的微信零钱账户中。不管赞赏的金额是多少，对于原创作者来说，都是一种莫大的鼓励和支持。

刚才运营者在设置"声明原创"的时候看到的"文章白名单"这一行在单击"添加"之后会出现搜索框。通过添加"白名单"，运营者可以授权某些公众号转载该篇文章，并允许对方修改或不显示转载来源。在文章被群发后，如果文章开启了赞赏，转载的文章也会支持赞赏原作者。

提示

这里举个例子说明。

（1）A公众号上发表写了一篇标有原创标志的文章，B公众号看到了，想要获得转载权限。

（2）B公众号联系A公众号，A公众号的运营者同意之后，就会把B公众号加入到白名单内。

（3）如果另一个公众号C在未得到A授权的情况下转载了标有原创标志的文章，则不会显示文章的全部内容，而是显示转载的部分内容，需要点击，跳转进原公众号的链接内才可阅读全文。

这对原创作者和原公众号来说是一种保护机制，可以保护公众号原创文章不被恶意转载。

那文章发布之后白名单要怎么开呢？

运营者需要在平台首页"功能"中单击"原创管理"，查看公众号所有标记为原创文章的文章。

单篇可转载账号设置

选择需要开放白名单的推文，单击右侧的"转载设置"。在"单篇可转载账号"右侧单击"添加"按钮 ，输入公众号名称或者微信号，搜索，结果无误后单击"确定"按钮 。

如果单击"转载权限",运营者会发现有两种转载权限:"可修改文章"和"可不显示转载来源"(也可修改文章)。

如果运营者只勾选"可修改文章",转载文章发布之后,推文顶部会显示文章转载自的公众号名称。

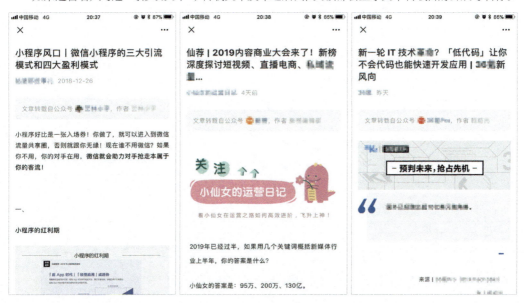

如果你听到"双白名单"的说法，它的意思就是"可不显示转载来源"，这样在转载文章的时候既可以修改文章内容，又可以不显示文章转载来源。

😃 长期转载账号管理

运营者除了可以给单篇文章添加白名单之外，还可设置长期转载账号，单击"长期转载账号管理"，然后单击"添加"按钮 ，添加步骤和单篇可转载账号的步骤一样，选择好之后单击"确定"按钮 ，即可添加长期转载账号。

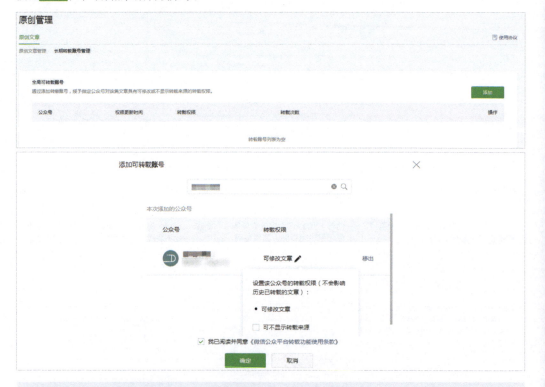

> **提示**
>
> 如果A公众号将B公众号添加为长期转载账号，那么B公众号有权限转载A公众号上任意一篇原创文章。由于文章被转载之后，系统不会主动发送消息给原公众号，没有被转载提醒，所以一般情况下，B公众号跟A公众号的账号主体相同，或者为同一公司旗下的公众号时，A公众号才会将B公众号添加为长期转载账号，否则不会轻易开通长期转载账号。

2.5 如何对公众号进行个性化的设置

本节主要介绍如何个性化设置公众号，让公众号变得更加饱满，既兼顾功能，又显得与众不同。

2.5.1 自动回复的设置

在微信公众平台首页左侧，读者可以在"功能"中找到"自动回复"功能，"自动回复"功能具体分为"关键词回复""收到消息回复"和"被关注回复"。

😀 关键词回复

用户在公众号对话框里输入的内容如果包含关键词，就会收到指定内容，这就是关键词回复。

01 单击"关键词回复"下方的"添加回复"按钮 添加回复 ，进入设置页面。

02 在"规则名称"处输入规则的名称，便于管理者后续迅速找到该条关键词回复规则（规则名称不显示给用户），在"关键词"处输入会触发关键词回复的关键词，可选择"半匹配"或"全匹配"，在同一个规则里，最多可以设置10个关键词。

> **提示**
> 半匹配和全匹配有什么区别呢？
> 半匹配的意思就是，只要用户输入的文字内容包括关键词，就能触发关键词回复，收到设置好的自动回复。
> 全匹配的意思是，用户输入的文字信息必须和关键词完全一样，一字不差。否则就没办法触发关键词回复。

03 设置"回复内容",可以是图文消息(素材库图文)、文字、图片(素材库图片)、语音(只能选择素材库里60秒内的语音)、视频(素材库视频)和卡券(只能投放普通券)等内容。"回复方式"默认为"随机回复一条",也可以选择"回复全部"。建议选择"回复全部",这样用户可以收到详细而全面的内容,最后单击"保存"按钮 即可。

> **提示**
> 认证后的公众号可以选择回复图文消息、文字、图片、语音、视频和卡券等,而无法认证的个人类公众号无法回复卡券消息。

收到消息回复

"收到消息回复"指收到用户发来的消息后公众号可以给用户设置统一的自动回复。如果收到的消息包含关键字,就会回复关键字对应的内容;如果没有,则统一回复设置好的内容。

单击"收到消息回复",然后根据需求来选择回复的类型,回复的类型可以是文字、图片、语音、视频和卡券等形式,最后单击"保存"按钮 即可。

这样用户在微信公众号的对话框内输入任意内容(非关键词)时,都会收到运营者设置好的自动回复。用户在体验的时候,会感受到运营者的细心,就不会觉得公众号太过于冷冰冰,不人性化。

被关注回复

"被关注回复"指用户关注某个公众号时,收到运营者提前设置好的自动回复。几乎每个公众号都会设置被关注回复,但每个公众号的风格和定位不同,回复的风格往往也不同。运营者会参考公众号的整体定位、风格、粉丝属性来设置自动回复的内容。例如"浙江移动"这类微信公众号属于官方推广公众号,以提供服务为主,设置的"被关注回复"一般以文字为主,新用户关注之后的回复提供一些基础的服务内容和具体功能,增加和用户的互动。

第 2 章 轻松上手微信公众平台操作

如果公众号定位的人群是年轻人，这类公众号推文内容比较活泼、欢快，"被关注回复"可设置得轻松好玩一些。

设置"被关注回复"和"收到消息回复"有些类似。单击"被关注回复"选项，然后根据需求来选择回复的类型，回复的类型有文字、图片、语音、视频和卡券等，输入要回复的内容，最后单击"保存"按钮即可。

2.5.2 页面模板设置

公众号的页面模板可以作为整个公众号的消息汇总和展示区域，把推文按照一定的属性分门别类地展示，有利于用户快速找到想要的内容。

081

一个干净整洁的页面模板可以提升用户对该公众号的好感度。页面模板不像推文那样被主动向用户展示，它一般会"藏"在菜单栏里面，静静地等待着被用户发现，才会显示。当用户注意到公众号运营者把页面模板这样的细节都能做到位时，会认为这个公众号的运营者非常专业，所以做好页面模板很有必要。

01 在平台首页左侧菜单栏的"功能"中单击"页面模板"，进入"页面模板"页面，然后单击"添加模板"按钮 。

提示

"页面模板"目前有4个可选择项："列表模板"（图文、视频组成的列表页面）、"综合模板"（封面与多内容组成的页面）、"视频模板"（视频可在当前模板中播放）和"视频模板"（视频在详情页中才可播放）。

02 常见的页面模板以"综合模板"居多，所以这里就选择综合模板来讲解。单击"综合模板"下的"选择"按钮 。填写右侧的"页面名称"内容，方便后期整理和查找；在封面内容列表中单击"添加"按钮 ，可以选择"已发送""素材库"或"视频"中的内容。在封面内容列表中推文封面图会轮播，最多可选择3篇文章。建议运营者在封面内容列表里添加阅读量高的文章或者近期的活动内容。

第 2 章 轻松上手微信公众平台操作

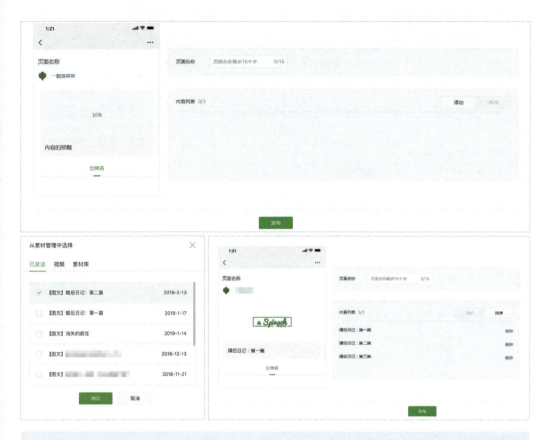

提示
这里可添加的视频仅为面向全部用户群发的视频（不支持仅图文消息内群发视频）。

03 将鼠标指针放在"分类名"下方空白区域中，区域会变成灰色且出现一个笔状图标，单击笔状图标后可设置类别下的内容。

083

04 单击"分类名"旁的"添加"按钮,最多可新建5个类别,这里需要把"分类名"都改成其他的名称,方便用户来查找内容。每个类别列表里最多可添加30篇文章,加上封面的轮播内容,一个页面列表里最多可以添加153篇文章。

05 单击"发布"按钮 发布 ,页面模板就设置好了。

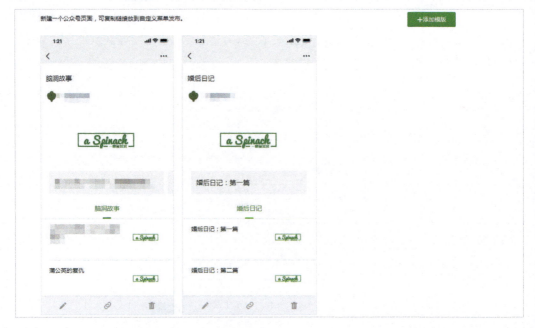

2.5.3 自定义菜单设置

自定义菜单显示在手机端的微信对话框的最底部，是我们向用户输出信息的一个重要窗口。例如，某个公众号对话框底部小键盘旁边的文字"热门推荐""行动ACT""撩我呀"就是公众号的自定义菜单名称。

01 在"功能"中单击"自定义菜单"，如果之前运营者没有设置过自定义菜单，需要单击页面上的"添加菜单"按钮。

02 单击页面左侧"菜单名称"旁的"+"添加一级菜单，每个公众号最多可以添加3个一级菜单。

03 一级菜单最好取一个比较吸引人的名字（菜单名称仅支持中英文和数字，字数不超过4个汉字或8个字母），促使用户点击。运营者可以设置菜单的内容为"发送消息""跳转网页"或"跳转小程序"。

04 单击"发送消息"，设置发送内容，可以是图文消息、文字、图片、卡券（个人类公众号无法发送卡券）、语音、视频等。

05 如果是认证过的公众号，单击"跳转网页"，可以输入网址链接，如果是没有认证过的公众号，无法手动添加网址链接，只能从公众号图文消息（已发送、素材库、历史消息、页面模板）中选择插入。

06 单击"跳转小程序",可以输入小程序的名称添加小程序。

07 如果需要在一级菜单中增加子菜单的话,单击一级菜单上面的"+"最多可添加5个子菜单,子菜单名称也仅支持中英文和数字,但字数可以比一级菜单多,不超过8个汉字或16个字母即可,子菜单也可向用户发送消息、跳转网页、跳转小程序。如果想调整菜单(一级菜单、子菜单)顺序,可以单击下方的"菜单排序",再拖曳菜单进行调整。

08 将自定义菜单设置好之后,单击"保存并发布"按钮 保存并发布 ,会提示"发布成功后会覆盖原版本,且将在24小时内对所有用户生效,确认发布?",再单击"确定"按钮 确定 ,即可将自定义菜单保存,不过事实上,一般几分钟后就能自动更新,不会需要24小时这么久。

提示

对于自定义菜单设置,笔者整理了一下出现频率高的内容,大致有以下几类,希望这些常见自定义菜单的内容可以给运营者在设置自定义菜单的时候提供一些思路。

(1)用户比较喜欢或者需要的内容。
(2)能给运营者带来收益的内容。
(3)公众号相关的App下载链接(认证后的公众号可以放外链)。
(4)和公众号配套的小程序。
(5)公众号的历史记录。
(6)设置好的页面模块。

第 3 章

必备的基础排版知识

3.1 排版的重要性

排版是为了辅助用户更好地阅读，增加阅读时良好的感受，同时也给用户展现出运营者的诚意。如果把一篇公众号的文章比喻成一个姑娘，排版就像给姑娘化妆。高水平的化妆师能把普通的姑娘打扮得美若天仙，吸引旁人放慢脚步，看了两眼之后还忍不住扭过头再看两眼。低水平的化妆师不仅不能够展示出姑娘的美，还有可能把姑娘的缺点放大。

公众号文章的排版也是一样，高质量的排版能化腐朽为神奇，即使文章中的内容和活动都很一般，但用户觉得版面非常吸引人，也会放慢速度仔细阅读，通过文章用户可感受到运营者的用心，或许连心情都会愉悦起来。低质量的排版，即使内容非常有诱惑力，也可能让用户觉得"辣眼睛"，迅速退出浏览页面，而且低质量的排版会让人怀疑公众号文章内容的真实性。"高颜值的公众号，运气都不会太差！"高级的排版让人拍手称赞，低级的排版让人不忍直视。

笔者会讲解一些基础的公众号文章排版规则，这是一些基础的内容，但基础并不代表着不重要。就像建造一栋豪华的高级别墅，不管多豪华，也是从基础一砖一瓦搭建起来的，基础架构搭建得不好，房子就会变成危房，摇摇欲坠。学习公众号文章排版也是一样，只有学好基础的排版知识，才能做出高质量的排版。学完之后可以对照一下大V公众号，看看即使他们拥有10万+的粉丝，是不是同样也得遵循简单基础的排版规则。

3.2 封面图

封面图是推送公众号文章必填内容，运营者需要在图文素材编辑区下方选择封面图。封面图分为"头图"和"次图"，若公众号推送的是多图文消息（一次推送多篇文章），那么第1篇推文的封面图称为"头图"，后面推文的封面图称为"次图"，对于公众号来说，"头图"非常重要，是整篇推文的门面和颜值担当。

3.2.1 封面图必备要素

一个排版优秀的公众号，运营者会非常注重封面图的使用。封面图需要具备一定的风格、辨识度和统一性，让用户看见封面图就能想起是哪个公众号。正确使用封面图，不仅可以提高公众号推文的点击率，还可以加深用户对公众号的印象。

💬 辨识度

公众号推文的封面图拥有较高的辨识度之后，用户看到推文封面图，就能想到公众号的名字。例如，下面的公众号的封面图就非常有辨识度，"头图"都是设计师根据文章内容，抠取匹配文章的人物再进行设计的，"次图"用的都是圆形的Emoji图标，跟其他公众号推文非常不一样，用户阅读了几次之后，就容易在脑海里留下印象。

有的公众号的封面图都是手绘图类型的,"头图"都是统一底色加手绘图,"次图"都是圆形图标内加小素材图标,次图的底色跟头图的底色为同色系的,看起来色调比较统一。

例如"吾皇万睡"公众号推文封面图都是一只猫(名字叫"吾皇")和一只狗(名字叫"巴扎黑"),这两个卡通形象非常可爱,辨识度也非常高,用户一眼就能看出来。

💬 统一性

公众号发布的推文封面图如果辨识度不够高,那最好能拥有统一性,不管是照片风格的统一还是Logo的统一,都能够让公众号看起来非常协调。

有些公众号推文封面图左上角都会放上自己独特的Logo,非常醒目,看起来就很统一。对于公众号来说,在封面图上打上Logo,进行二次强调,也是一种加深用户印象的好办法。

某公众号发布的推文头图都是手绘漫画形象,图片正中间为自己的Logo,次图也是小漫画图,右上角有几个黑底白字的"+"符号,格式和风格看起来也很统一。

3.2.2 封面图尺寸

目前公众号推文封面图有两种比例,一种是2.35∶1,一般推荐900px×383px的封面图尺寸;另一种是1∶1,一般建议使用200px×200px的尺寸。

3.2.3 制作封面图

根据用户对公众号的关注程度的不同,头条会显示两种大小的版面。用户星标和常读的公众号头条显示的是2.35∶1的大版面的封面图,而用户未星标和不常读的公众号头条显示的则是1∶1的小版面的封面图。

不管是不是用户星标和常读的公众号,次条的封面图都只能显示为1∶1的小版面的封面图。当用户把推文转发到朋友圈中或分享给好友的时候,所有的公众号推文都只能显示1∶1比例的封面图。

01 登录公众平台,在"素材管理"中打开图文素材,将鼠标指针放到页面底部的"选择封面"上,这时会出现"从正文选择"和"从图片库选择"。如果正文中有合适的图片,可以从正文中选择图片作封面图;如果正文中没有图片,就需要从图片库中选择。这里单击"从图片库选择"。

02 选择需要的图片,单击"下一步"按钮 下一步 。

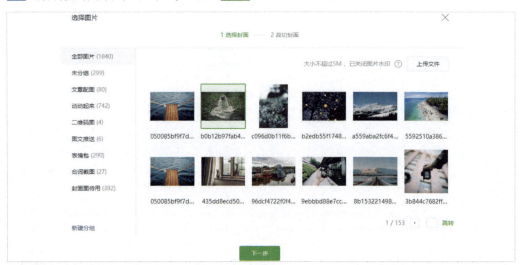

提示

如果图片库里没有合适的图片,运营者就需要从网上下载或自行制作/拍摄,然后单击"上传文件"按钮 上传文件 ,把图片上传到公众平台上,上传成功后选择图片并单击"下一步"按钮 下一步 。

03 在"裁剪封面"中可以裁剪出2.35∶1的封面图。拖曳裁剪框可以选择封面图的范围,在右侧预览区可以预览图片。设置完2.35∶1的封面图后,运营者需要再裁剪出1∶1的封面图。单击左下方的"1∶1",切换到1∶1比例,拖曳裁剪框进行选择,设置完两个比例的封面图之后,单击"完成"按钮 完成 ,封面图就设置完成了。

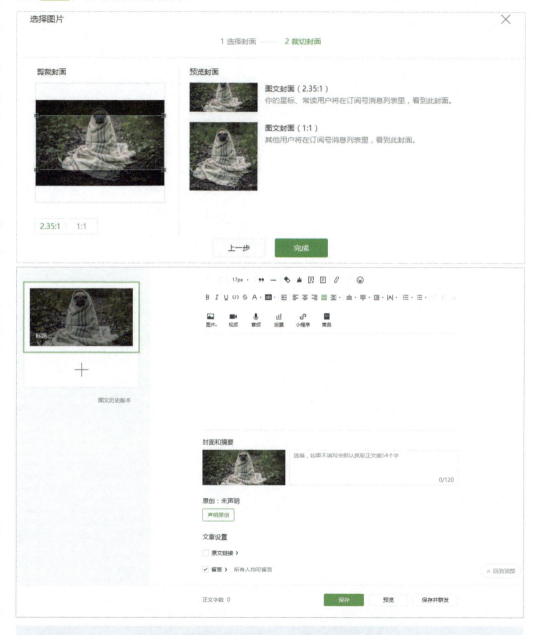

提示

建议不使用来源不清的网络图片作为封面图,最好使用由公众号团队成员自行拍摄/制作/绘制的图片。这里推荐4个可以快速制作封面图的平台:创客贴、Fotor懒设计、稿定设计、图怪兽。

3.3 标题和摘要

在排版时运营者需要注意公众号推文的标题分为文章的标题和正文标题。摘要虽然不属于标题，但是摘要也是整篇文章排版时需要注意的一个细节。

3.3.1 文章标题

下面介绍文章标题的注意事项。

标题不宜过长

文章的标题就是整篇推文的标题，字数不能超过64个，如果文章标题达到64个字，标题是会显示不全的，显示不全的内容会变成省略号，只有打开文章后才会看到全部标题。

从上图中可以看到，64个字的超长标题即使打开后能全部显示，看起来也不够美观，所以建议运营者在设置标题的时候，要考虑到用户的阅读感受，建议不超过两行。

标点符号不宜超过 3 种

标题的标点符号不宜过多，最多不要超过3种，否则标题看起来会过于复杂，而且还占标题长度。另外标题的结尾不需要再用句号表示结束，但是可以用省略号、问号或感叹号。

💬 "吸睛"文字放最前面

订阅号的推文因为是被折叠的,所以想要吸引用户点开阅读,开头几个字非常重要。服务号的推文虽然不被折叠,但是也只能显示标题的前面部分内容,所以最好把重点内容或者吸引人的字眼放到最前面,这样可以让用户被吸引,提高推文的打开率。

3.3.2 正文标题

正文标题指文章中会使用到的标题,正文标题通常包括一级标题、二级标题和三级标题。

一级标题: 建议使用18~20 px字号,加粗,上下需要空出1~2行的距离,居中对齐。

二级标题: 建议使用15~16 px字号,加粗;也可与正文字号相同。

三级标题: 建议使用14~15 px字号,加粗;也可与正文字号相同。

不同级标题需要用不同类型的样式,同级别标题最好使用同样的样式,否则会导致文章层次不清。排版的时候需要注意每个级别标题如果是居中显示的,一定要主动分段,否则文字过长会自动分段,让最后几个字看起来像被"落下"一样。

3.3.3 摘要

下面介绍不同类型的公众号的摘要设置方法。

💬 常读或星标公众号

如果是用户常读或星标的公众号推送的单图文消息,并且输入了摘要内容,那么在文章显示为大版面后摘要会显示在标题下方。因此,运营者在填写摘要内容的时候,文字也不能过长,最好不要超过手机一行显示的长度。

😃 非常读或星标公众号

如果是用户非常读或星标的订阅号推送的单图文消息，并且输入了摘要内容，那么文章只能显示为小版面，摘要则无法显示出来。但是，在转发文章、分享给好友的时候，还是会显示摘要内容，所以摘要仍然要简单精练。

😃 多篇推送

如果是多图文消息，不管是否为用户常读或星标的公众号发送的，用户都无法直接看到摘要内容。但是，在转发文章、分享给好友的时候还是会显示摘要内容。

😃 特殊情况

如果运营者在编辑图文的时候把摘要内容清空并发送，那么用户只能看到标题，无法看到摘要。如果用户转发文章给好友，同样无法显示摘要内容，只显示推文网址。

3.3.4 怎么写好标题

标题是吸引人眼球的重要元素。公众号推文的阅读量跟文章的标题是紧密相关的。一个好的标题非常重要，但是不建议做"标题党"。

既然推文标题的好坏可以决定用户是否有兴趣打开推文，那么运营者可以在适当的时候追一追"热点"，在标题上写一些用户关心的热点话题，吸引用户打开阅读。

要写出好的标题,是需要花很多的时间和精力去学习的,但也并非没有技巧。下面介绍5种比较好模仿的标题类型。

暴露年龄

- 25岁前体检跟玩儿似的,25岁后跟体检玩儿我似的。
- 你才25岁,过个年为什么慌成这样。
- 20~25岁,我把自己更新到了第5个版本。

当用户看到这些标题时,如果产生了共鸣,就立马会在心里呐喊:"这说的就是我啊!看!看!看!"然后就打开了,看完之后还觉得作者说的很有道理,立马就会分享到朋友圈里。朋友圈里的朋友又产生共鸣,又转发,这样就产生了一个良性的循环。

可以试试在标题里面写年龄来吸引眼球,笔者先来模仿着写几个:"奔三以后,越来越不敢给家里打电话了""25岁后我最迫切的事,不是发财,是治脱发""我同事每周末在家的工作,就是辅导6岁的女儿做作业"。

谈谈收入

- 月薪2万情侣的恋爱,都是抽空谈的。
- 放弃300万年薪去战场?你眼里的疯子,全世界的英雄。
- 职场真相:你在工作中慢半拍,工资就比别人差10倍。

收入也是大家非常关心的一个话题,用收入来作标题常常都有反差,这样的标题通常能获得更高的打开率,这类标题也很好模仿:"她是如何通过6个月,从月薪3000变成月薪3万的?""一个月挣8000块的工作,她只做了1周就离职了""月薪1万,过年也不敢跟亲戚谈工资"。

突出地域

- 广州早茶太可怕,吃过一口就不想离开了。
- 注意!1110万游客已抵达杭州。

通常人们对自己居住地发生的事情都会比较关心,所以地域也是能吸引眼球的一个点。

巧用数字

- 泰国玩腻了?曼谷旁这片绿境仙踪,99%游客不知道。
- 400 块的洗面奶,居然还不如 20 块的好用。

当运营者把数字写在标题上之后,会更加具象化,数字可以和年龄、价格、数量结合,巧用数字,剩下的交给用户的好奇心就行了。来试试这样写:"花了不到100块钱,却能让妈妈和婆婆都满意""这3个不到20块钱的小物件,能提高你的幸福感""她55岁,为什么看起来比25岁的女儿还要年轻?"。

蹭热度(人、事、物)

- 没中奖花花卡不要扔!还有用。

新媒体人永远在蹭热点,或者在蹭热点的路上。写热点是永远不会过时的技巧,运营者可以写人/事/物,只要是热点,都可以蹭一蹭,不过蹭热点必须快、准、狠。

如果想要写好标题,可以把其他公众号发过的好的标题记在本子上,慢慢积累,思考它们有什么亮点,为什么能吸引到用户,然后去模仿去学习,肯定也能写出好的标题。

3.4 配图

一谈到图片,又要强调一遍图片授权问题,目的就是希望运营者能产生条件反射。如果运营者的技术过硬的话,自己拍摄/绘画/制作是最安全的。

3.4.1 配图大小规定

目前公众号上传的JPG和PNG格式的图片要小于5MB;GIF格式的图片不仅要小于5MB,图片宽和高的像素乘积还不能超过600万,否则没有办法成功上传。但是为什么有些公众号不仅能够上传整张的长图,还能够打破公众号的规定,上传大于5MB的GIF动图呢? 这些问题会在第7章介绍。

3.4.2 配图比例推荐

公众号推文的配图一般不宜过长,最好选用横构图的图片。如果要选用竖构图的图片,那么尽量不要使用占满整个手机屏幕长度的图片,因为一张配图占用这么大版面看起来会非常费劲,当然条漫类的公众号除外。建议公众号配图的比例为16:9或4:3。

3.4.3 配图压缩情况

目前公众号上传的图片只要宽度在1080px以内,就不会被微信公众平台给压缩,所以建议上传的图片宽度都保持在1080px以内,这样可以避免被压缩,提高阅读的舒适度。

3.4.4 配图格式推荐

公众号文章里面的配图格式,一般用到的最多的就是JPG、PNG和GIF这3种。

JPG是一种有损压缩格式,但在这3类格式里面,它的色彩丰富程度最高,是日常生活中常见的一种图片格式。如果配图的色彩非常丰富、鲜艳,例如展示的图片是婚纱照、摄影作品或实景照等,建议选择JPG格式的图片。

GIF是一种常见的动态图像格式,支持透明效果,多数是由多帧图像合并在一起组成的GIF动画,当然也有单帧的。在这3类格式当中,它的色彩丰富程度最低。如果图片颜色非常单调,但是文字部分的内容多,选择GIF格式上传能让图片在推文中显示得更加清晰。

PNG是一种清晰、无损压缩的位图图片格式,同样支持透明效果。如果有大面积的色块,例如漫画、插画或海报这样的图片,可选择PNG(24位)格式。

> **提示**
>
> 如果实在不好选择的话,可以把这3种格式的图片都导出来,然后全部上传到公众号后台中,对比筛选哪一张更清晰,然后使用图片。

3.4.5 配图出处注释

建议运营者在图片的下方标注图片的来源,这是对原图片创作者的一种尊重。

3.5 字号

微信公众号推文的字号其实很重要，推文是需要用眼睛看的，文章文字太大或太小都会导致用户阅读起来不舒服，所以要找一个适合用户阅读的字号。

3.5.1 正文字号

正文内容推荐使用14~16px的字号，读者在阅读公众号文章的时候可以多留心观察一下推文的字号。

小清新文艺类的推文基本都使用14px的字号。

讲述类推文一般使用15px的字号。

科普文一般用16px的字号。

不过以上这些仅针对用户群体多为年轻人的公众号，运营者可以根据公众号的风格和用户群体来选择合适的正文字号。如果用户群体多为中老年人，为了照顾他们的阅读感受，建议选择16px以上的字号。

有些时候，运营者可以将要突出的重点内容加粗放大标红，毕竟领导都喜欢说"把重点再放大点，重点内容标红"。

3.5.2 注释字号

对于注释的内容,例如文章顶部的注释内容、文中的图片注释、底部的注释内容等,可以使用比正文字号小一点的文字,这样既不影响正文内容,又能使文章版面特别美观。建议使用12px或14px,同时建议使用灰色,这样文章的主次会很鲜明,用户会更容易明白作者要表达的内容。

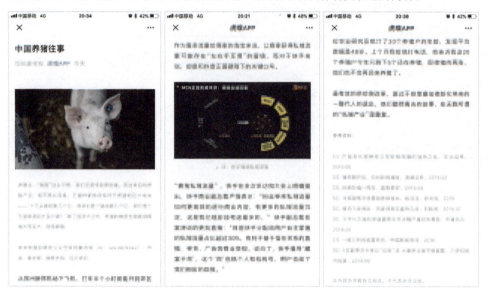

3.6 段落排版

不要以为掌握以上的排版规则之后,就大功告成了,还有段落排版,不要忘记了!是否能把文章的段落排得又清爽又干净,是判断运营者排版功底好坏的标准之一。如果文章段落乱七八糟,看起来跟一团乱麻似的,用户的阅读体验肯定不会很好。我们小时候考试写作文,老师是不是都说过"如果试卷上的字写得漂亮,卷面整洁,还能额外增加5分的卷面分"?

3.6.1 首行缩进

既然上面说到写作文了,那就顺便提一提微信公众号推文和其他文章的区别。首要的区别就是,在公众号里面写文章,是不需要首行缩进的。

因为微信是依托手机的，虽然手机的尺寸有大有小，但也不可能跟一本书那么大，传统印刷读物的话，比较适合首行缩进。如果每一段文字都要开头空两格的话，在手机中会像"被狗啃了"一样，并不美观，所以在公众号中写推文的时候可以直接顶格写。

3.6.2 字间距

字与字之间需要有合适的字间距。如果每个字靠得太近，显得密密麻麻，过于紧凑，用户在阅读的时候会感觉特别压抑，但是字间距太大了阅读起来也会很累。因此，建议使用1.5或2的字间距。

3.6.3 行间距

既然需要有合适的字间距,那么行与行之间也要有合适的行间距。过小或过大的行间距都会让用户在阅读时感到不舒适,建议使用1.5或1.75的行间距。

3.6.4 段间距

公众号推文的段落之间也要有合适的距离,不能密密麻麻地挤在一起。一般文章段落之间直接空一行就可以,这样看起来会舒适一些,而且整篇文章每一段最好不要占手机屏幕5~6行,如果整段文字内容很长,就要有段间距,也就是要空行。

3.6.5 两端缩进

两端缩进就是我们经常说的两边留白。文字左右两边留白，不紧靠手机两边，看起来会更为舒适。目前很多的公众号都注意到了这一点，在段落排版的时候会使用两端缩进，当然缩进的距离各不相同，建议缩进5~15。

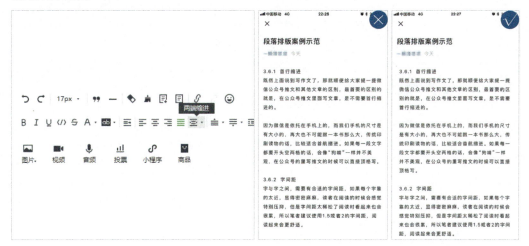

3.6.6 对齐方式

公众号推文的对齐方式有4种：左对齐、右对齐、居中对齐和两端对齐。公众号推文常用的是居中对齐和两端对齐。

居中对齐：如果推文一行只显示几个字，建议使用居中对齐，而且每一行句子结束后不要使用逗号或者句号分句，这样排版会美观些。

两端对齐：如果文章是大段的文字，建议使用两端对齐，文字就会均匀分布在左右页边距之间了，右侧不会看起来像缺一个角，会更美观一些。

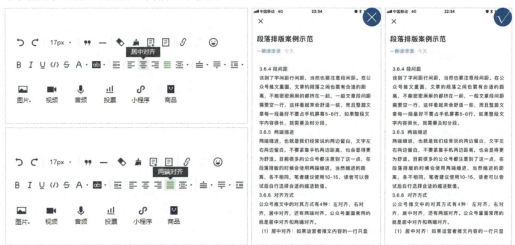

3.7 配色

一篇推文的配图千万不要弄得像"奶奶做的棉被单"一样花里胡哨,想象一下你在哪里会看到花花绿绿的推文?大部分在中老年同志的朋友圈里!打开之后可以看到整篇文章毫无美感可言,特别难看。相信绝大多数年轻人应该都不能接受这样的排版。在一篇文章中,颜色最好不要超过3种。如果是同色系的,选用深浅程度不同的3种颜色就更好了,这样的排版会显得更加专业。

3.7.1 文字颜色

对于微信公众号推文的文字颜色,大部分运营者都会使用黑色或灰色作为主要文字颜色。全文的文字颜色不要过多,否则会显得太过于花哨。有些运营者想要强调某一段内容是重点,就会把整一段话都标注为其他颜色,但这样标注之后,等于没有重点。建议全文文字颜色不要超过3种,同时注意和全文的色彩搭配。

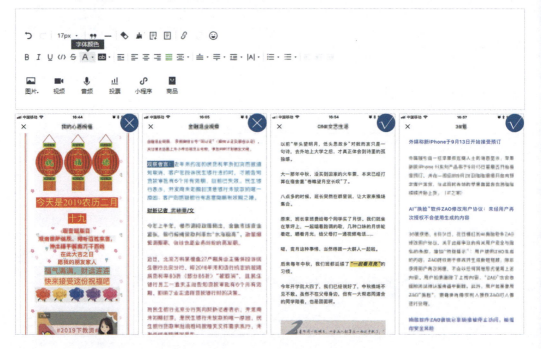

3.7.2 图片配色

每一篇推文都需要搭配一些和文字内容相符的配图,在选择图片的时候,应该考虑整篇文章的配色,让整体的颜色能够和谐。另外,如果配图是海报图之类的宣传图片,颜色也尽量不要太多,因为配图的质量也会影响整篇文章的质量,如果文章中插入的配图看起来特别混乱,整篇文章的质量就会下降。

第 3 章 必备的基础排版知识

3.7.3 全文配色

如果公众号有自己的品牌和品牌色，建议全文配色优先使用品牌色。如果公众号没有品牌色，全文的配色也需要有一个基础颜色，例如全文配色以绿色为主，那么需要强调的文字内容可以使用绿色系颜色。切忌全文没有一个整体的色调，看起来像"老奶奶的大棉被"，花花绿绿的，毫无美感可言。

3.8 预览检查

文章写完之后，运营者先不要急着发送，可以先给自己倒杯水，单击文末的"预览"按钮，在手机上预览全文，检查是否存在有错别字、语句不通、信息缺漏、图片上传错误等问题，全部检查无误之后，再进行群发操作。

提示

有些公众号发推文的时间是固定的，以便用户形成一个固定阅读的时间。

推文的发送时间并没有强制规定，运营者可以在任意时间群发文章。当然，成熟的公众号运营者会在长久以来的发送中，根据每次发文后用户阅读量增长情况，发掘最适合发文的时间段。

当然除了根据经验发掘之外，运营者也可以借鉴同类型做的比较好的公众号的发文时间。

"十点读书"公众号的发文时间一般都是22:00。

"有趣青年"公众号的发文时间一般也是22:00。

"读者"公众号的发文时间一般是20:00。

"行动派DreamList"公众号发文时间一般是07:30。

"三甲传真"公众号的发文时间是06:30。

"凯叔讲故事"公众号的发文时间一般是07:30。

由此可见，如果是传播一些干货性质的内容，可以在早上上班之前的时间段发文；如果是传播需要用户静下心来耐心阅读思考的内容，基本都是在夜晚发文。

运营者可能会想，如果一定要在某个固定的时间点发文，可恰巧在那个时间运营者无法使用计算机或者手机发文，该怎么办呢？这个问题只要使用"定时群发"就可以解决了。

那如何将推文设置为"定时群发"呢？

（1）登录公众平台，在"素材管理"中打开要发送的推文，单击"编辑"图标。

第 3 章 必备的基础排版知识

（2）在页面底部单击"保存并群发"按钮 保存并群发 ，进入群发页面之后，选择"定时群发"，运营者可选择5分钟后的当天、第2天任意时刻群发。

111

（3）选择好时间后，单击"定时群发"按钮 ，由运营者扫码确认之后，文章就会在指定的时间发送出去。

（4）如果运营者发现文章内容有误或不需要再推送该篇文章，只要在发送时间之前取消即可，取消后会恢复群发条数。单击文章右侧的"取消群发"，即可取消文章发送任务。

第4章

宝藏编辑器：135编辑器

4.1 微信编辑器有哪些

"微信编辑器"指适用于微信公众号图文排版的工具。俗话说"工欲善其事,必先利其器",运营者要想做出高质量推文,除了需要具备一定的排版知识和技巧,还要学会使用专业的图文排版工具,可以轻松地解决排版问题。通俗一点来说,微信编辑器最主要的作用是通过选择各种合适的样式,把已经写好的文字内容变成用户在手机上看到的漂亮的推文。

网络上能搜到的微信编辑器有很多,但功能其实大同小异,运营者可以对比一下,选择合适的编辑器。目前比较受欢迎的微信编辑器有135编辑器、秀米、i排版和新榜编辑器等。

4.2 认识和使用 135 编辑器

笔者常用的编辑器是135编辑器,它提供的样式非常多,素材库里的模板更新也比较快,特别是一到节假日和有热点的时候,135编辑器就会及时上新样式。

推荐使用谷歌、猎豹或360安全浏览器,因为这些浏览器配合135编辑器使用会更稳定。运营者可以在浏览器里面搜索135编辑器,然后打开135编辑器的官网,进入编辑器页面,135编辑器的操作区域就能一目了然。

在使用前,需要在页面的右上角单击"注册"按钮 注册 ,可以使用手机号注册,也可使用第三方(微信、QQ)账号注册。如果用户有账号,可以直接登录。

在135编辑器中可以看到135编辑器主要被分为5个部分,从左到右依次为辅助功能板块、样式展示区、素材排版区、常用功能区和热点速报区。由于热点速报是一些新闻资讯内容,这里就不过多介绍了,接下来讲解一下其余4个部分的使用方法。

4.2.1 辅助功能板块

在左侧的辅助功能板块中可以看到很多功能。使用频率较高的除了"样式",还有"一键排版""模板""图片素材""我的文章"和"运营工具"这5个功能。

💬 一键排版

"一键排版"可以快速地让杂乱的文章变成指定的排版样式,能高效帮助用户完成排版任务,也可以称之为"懒人排版"。

想要使用"一键排版",用户需要在素材排版区内输入所有的内容(文字、图片),然后在左侧预览各模板的内容,挑选适合文章内容的模板,单击"使用"按钮 ,即可实现全文自动排版。

第 4 章 宝藏编辑器：135 编辑器

虽然"一键排版"非常方便，但在使用的时候需要注意，文章的格式需要和排版的样式一致。假如"一键排版"的样式是"图片——一级标题——大段文字—二级标题—大段文字—图片"，那么素材排版区内对应的文字内容也需要按照这个格式做好大致的排版，而不能只是一整段的文字，否则即使用"一键排版"功能，也依旧达不到预期的排版效果。

💬 模板

为了节省用户排版时间，135编辑器还提供了一些样式的模板，用户可以根据需要直接套用模板。例如用户需要排一篇比较小清新的推文，可以将鼠标指针移动到"简约小清新牛油果绿色背景模板"上，单击"分开使用"按钮 <u>分开使用</u> 或"整套使用"按钮 <u>整套使用</u>。建议单击"整套使用"按钮 <u>整套使用</u>，这样整个模板会比较和谐和统一。

模板会被插入正中间的素材排版区，用户可以根据需要对模板中的文字和图片进行修改，这样一篇小清新的推文就做好了，节省了选择素材和排版的时间。

117

图片素材

"图片素材"包括"我的上传""CC0图库""版权图库""表情动图"和"图标"。上传的图片都会显示在"我的上传"中，可以对这些图片进行批量分组、批量删除、水印设置和分类管理等操作。

"CC0图库"中的图片都是可免费商用的图片，用户可以免费把这些图片用于商业用途。

"版权图库"中显示的图片都是有版权的,不可以随意商用,想要使用,必须取得授权。

"表情动图"提供了一些小表情,数量不多,有需要的话也可以使用。

"图标"提供了一些小图标,用户也可以根据需要来使用这些小图标。

💬 我的文章

选择"我的文章",在135编辑器中保存的文章都会显示在"135文章"中,用户可以根据标题来找到之前编辑的文章。

"微信文章"中显示的都是绑定了135编辑器的公众号的文章。将135编辑器中编辑好的文章删除之后，文章会被收入"回收站"，如果有误删的情况，可以在这里找回。

🗨 运营工具

135编辑器提供了很多好用的"运营工具"，使用频率较高的有"字符效果""生成短链接""营销日历"。

字符效果

135编辑器提供了11种字符效果："字母变小号""数字转上标""文字出大汗""文字出小汗""数字转中文""字母加圈""汉字转拼音""简体转繁体""标题发芽""似风的标题"和"文字渐变色"。可以将这些字符效果应用到推文的正文中，也可以将其中几项应用到推文的标题中。

下图中的两个标题使用了135编辑器里的字符效果，"雨雨雨雨雨"上面用了"文字出小汗"效果，营造出了下雨的感觉，"风风风风风风"上面用了"似风的标题"的效果，"你看，标题发芽啦！"用的是"标题发芽"的效果。

想要使用这样的效果很简单。选择一个字符效果，以"似风的标题"效果为例，单击之后输入想要转换的文字内容，这里输入"北风吹啊吹"，然后单击"转换内容"按钮，文字上就会被加上风的效果，接着单击"复制使用"，之后就可以将其粘贴到推文标题或者正文中了。

生成短链接

有些时候运营者会在推文中插入图片，为了标清楚图片来源，会在图片下方标注上图片的网址，或因其他原因插入网址。但是网址特别长，非常影响用户的阅读体验，这时候，为了版面的美观，运营者就需要将长链接转化为短链接。

单击"生成短链接",将长链接网址粘贴到对话框内,然后单击"生成短链"按钮,即可生成一个短链接网址。除了能够生成短链接外,下方还能生成一个网址二维码,有需要的话可以使用鼠标右键单击二维码,然后单击"保存",下载二维码。

单击"复制使用"按钮,然后可将该短链接粘贴到推文中,这样用短链接来表示图片网址是不是比复杂的长链接美观多了呢?

阅读 4

营销日历

135编辑器非常贴心地为微信公众号运营者提供了营销日历,将节假日、历史事件等日子都标注在了日历上,方便运营者根据这些重要日子借势宣传和营销,提前制订相关推文和活动规划。

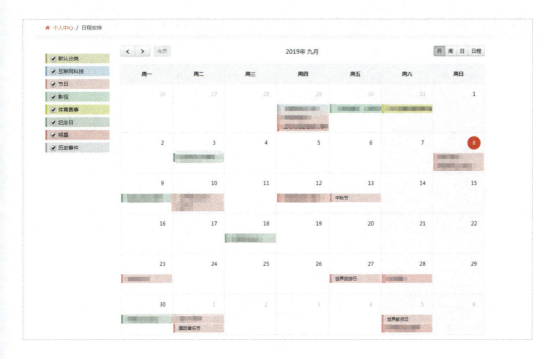

4.2.2 样式展示区

单击辅助功能板块的"样式",可以看到单独的样式展示区。135编辑器的用户可以在这里挑选喜欢的样式使用,总共有"标题""正文""引导""图文""布局"和"行业"六大类别。当用户单击某一类别后,下方会出现下拉菜单,显示详细的可选项。例如单击"标题",下拉菜单中会显示"编号标题""框线标题""底色标题""图片标题""纯序号"和"更多样式"。单击其中一个后,下方区域会展示对应的模板。用户选择样式后,样式就会被插入右侧的素材排版区。

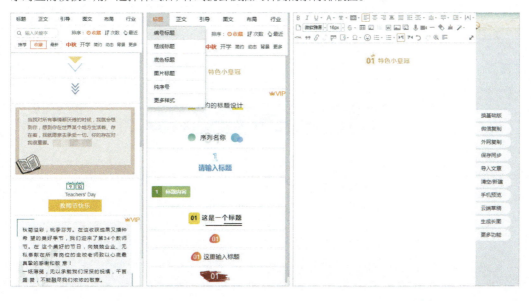

01 在样式展示区，用户可以在6大类别中挑选样式，也可以通过搜索框来搜索需要的样式。

02 在搜索框内输入关键词，按Enter键进行搜索。可输入某一种颜色，或某一种符号，也可以输入某一个节日。这里输入"黄色"，就会展示黄颜色的相关样式；输入"新年"，就会展示出跟新年相关的样式；输入"箭头"，就会显示带箭头的相关样式。

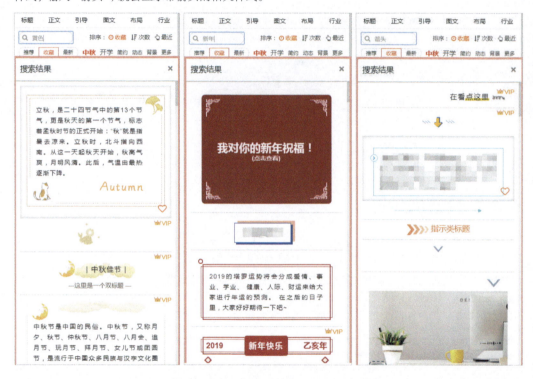

03 如果用户在几个类别和搜索框内都没有找到合适的样式，可以单击顶部的"素材库"，然后选择"样式中心"。

04 进入"样式中心"后，根据分类导航挑选喜欢的样式，单击样式下方的"收藏"按钮♡，即可将该样式收藏。

05 用户收藏样式后想要再返回编辑器，只需要单击上方的"进入编辑器"即可。

06 观察左边的样式展示区，单击"样式"中的"收藏"按钮，刚才收藏的样式就显示在这里。如果此时新收藏的样式没有显示出来，只需要刷新一下即可加载。

> **提示**
>
> 在编辑文章的时候，会用到很多样式，这里提醒一下，在选择样式的时候需要按照需要的格式选择，最好不要乱用样式。例如，某段文字内容应该使用正文样式，却错选了标题样式，编辑出来的效果就会错乱。所以选择样式的时候，一定要选择合适正确的样式，不能胡乱选择。

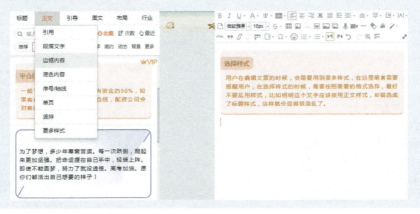

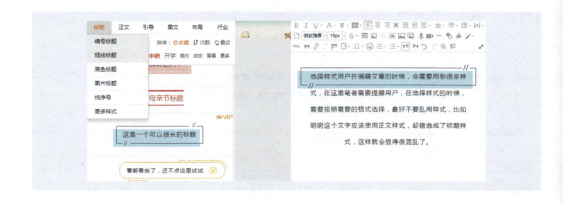

4.2.3 素材排版区

素材排版区是微信公众号运营者对图文素材进行排版的区域，配合左侧的各类样式的使用，可以将原本简朴的文章排成高质量的文章。

01 想要使用某个样式，只需要在左侧样式展示区单击该样式，将该样式插入素材排版区即可。

02 将样式插入素材排版区后就可以对样式进行编辑。以下图为例，当插入了"中秋快乐"的标题样式，单击该样式之后会出现一个红色的虚线框，以及对应的编辑面板。想要修改样式内的文字，只需要删除样式内的文字内容，输入任意文字内容即可。这里删除"中秋快乐"，输入"嫦娥奔月"。

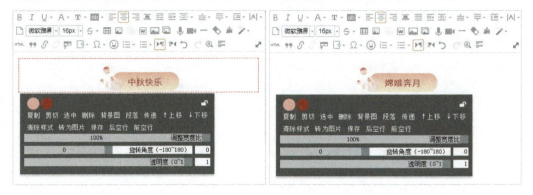

03 除了挑选样式插入素材排版区进行修改，135编辑器还有一个更快获得样式的功能，就是"秒刷"功能。在素材排版区内写好文字，选中文字内容后，单击左侧的样式，就能直接将样式刷到文字内容上。

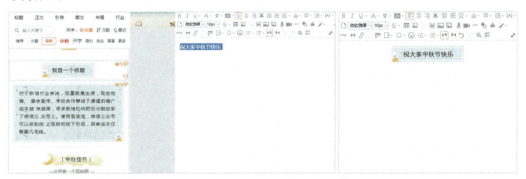

下面来看看素材排版区顶部的编辑按钮，它们与微信公众号图文素材编辑页面内的编辑按钮的功能大体一致。

另外，除了顶部的编辑按钮，素材排版区底部还有3个功能按钮："使用签名""二维码"和"文本校对"。下面介绍135编辑中比较有特色且常用的编辑功能：背景、文档导入、源代码、全文图片居中、自动排版、查询替换和使用签名。

背景

使用"背景"按钮可以设置全文背景，使公众号变得更加有个性。微信公众号推文背景默认是白色的，偶尔换个新背景，能使用户产生一种新鲜感。但在公众平台上并不能设置背景，这就需要靠编辑器来实现这个功能。使用135编辑器的"背景"按钮可以给推文添加3种背景：在线图片背景、纯色背景和自定义背景。

在线图片背景

下面的公众号用过很多次的格子背景就可以用135编辑器的"在线背景图片"来设置。

单击"背景"图标，选择"在线背景图片"，选择"方格线纹"中的格子背景，然后单击"确定"按钮，即可在全文中使用。除了这个背景之外，用户也可以在这里挑选其他的在线背景图片来使用。

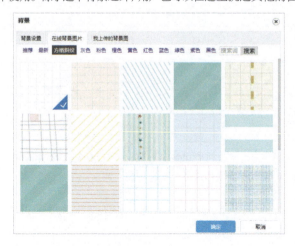

纯色背景

该公众号也发过很多纯色背景的推文,想要设置纯色背景也比较简单。单击"背景"图标 ,选择"背景设置",然后进行设置。

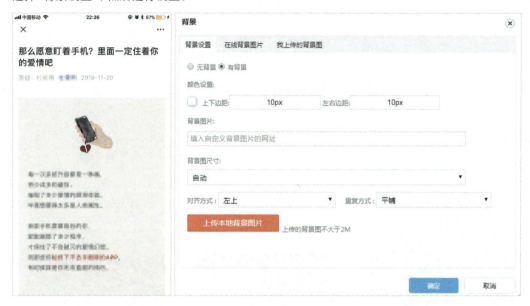

在"颜色设置"中选择合适的颜色,还可以设置"上下边距"和"左右边距"。这里选择黄色,单击"确定"按钮 后,素材排版区就多了一个黄色的全文背景,然后就可以在黄色的背景上编辑内容。

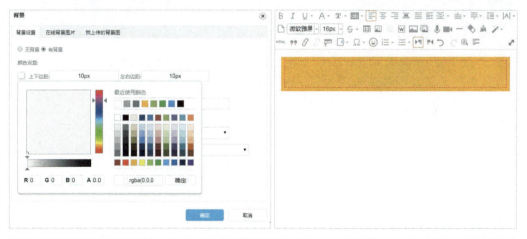

> **提示**
> 由于为文章添加了全文背景色,文字颜色与背景色搭配的时候注意不要过于突兀,要注意提高用户阅读文字时候的舒适度。

自定义背景

在阅读推文的时候还可能会看到一些自定义的背景,包括动态的和静态的。这同样可以在135编辑器中设置。

01 在选择图片作全文背景的时候建议不要选择竖版且带有不规则小图形的图片。如果文章过长，用户一眼就能发现全文背景图片是拼接起来的，即背景拼接痕迹明显，非常不美观。

02 输入背景图片的网址，或单击"上传本地背景图片"将图片上传到135编辑器中。注意，"背景图尺寸""对齐方式"和"重复方式"都可以根据用户需要设置。

提示

一般建议设置全文背景的"背景图尺寸"为"水平拉伸（等比）"，"重复方式"为"竖直重复"，"对齐方式"为"左上"。当然，具体还是要根据实际需求设置。

03 设置好自定义背景之后，如果选择的全文背景颜色过深，会影响后续文字排版。这时候排版需要考虑全文的可读性，修改文字的颜色，使文字内容突出，或加上有底色的边框样式，就不会影响全文的可读性了。

😊 文档导入

使用文档导入功能可以直接将计算机上的文档导入到135编辑器中 。有读者会问，那直接打开Word复制并粘贴不是也可以吗？为什么要使用文档导入？确实，直接打开Word，将内容复制并粘贴到135编辑器中同样很方便，但如果Word文档带有插图就会比较麻烦，因为Word文档中的图片是无法通过复制来粘贴到135编辑器中的。如果直接从Word里面复制并粘贴图片，135编辑器会显示"包含本地图片"，无法直接显示图片。这就需要将文档中的图片转存到计算机中，然后上传到135编辑器内才行。

单击"文档导入"图标，将本地Word文档的所有内容（包括图片）导入135编辑器中，这样就省去了将图片一张张转存到计算机上再导入135编辑器的步骤，节省了时间。注意，导入的文档大小限制在5MB以内，超出5MB就无法直接导入了。

源代码

对于刚开始接触公众号文章排版的运营者来说，听到"代码"这个词就会感觉很害怕，担心很难。其实，"源代码"按钮 的操作也很简单，后面会介绍如何在135编辑器中修改和使用SVG交互样式源代码。

全文图片居中

单击"全文图片居中"图标 后，全文的所有图片就会显示在居中的位置。运营者在插入图片的时候，很容易忘记使尺寸大的图片显示在居中位置（小尺寸图片一般不会忘记），而用户在手机上看推文的时候，由于手机屏幕尺寸小，即使图片在居左位置，在手机上也无法分辨（看起来就像是居中的），如果在PC（计算机）端打开推文，就可能在居左的位置，这样就不是很美观。而"全文图片居中"按钮 可以帮助运营者使所有图片都居中显示，也节省了一张一张地使图片居中的时间。

自动排版

单击"自动排版"图标 后，可以选择将全文的空行合并清除（合并空行、清除空行）、清除格式、进行首行缩进、清除字号、清除字体，选择对齐方式，选择图片浮动方式，以及选择将全角符号转换为半角符号或将半角符号转换为全角符号。选择之后一定要单击"执行"按钮 才可对全文的内容生效。

查询替换

"查询替换"按钮 的功能与Word中的类似，这里就不赘述了。

使用签名功能

这里的"签名"并不是指某人个性化的签名,而是指公众号文章顶部和底部放置的两张图片(多使用动图),通常顶部会放置一些说明公众号内容的图片,底部放置的图片上基本会放公众号的二维码,同时会在图片上显示邀请用户置顶该公众号的信息。

一般情况下,这样的首尾签名是固定不变的。如果运营者每写一篇推文,都要附加上首尾的图,就有点麻烦了。这个时候可以通过 135 编辑器的"使用签名"功能解决这个问题。

在素材排版区的底部单击"使用签名",然后选择"管理签名",进入文章签名页面,接着单击"新增文章签名"按钮 ,并在"前缀签名"处添加公众号文章开头的固定的内容(可以是文字,也可以是图片),在"后缀签名"处添加公众号文章末尾的固定内容,注意要把添加的内容设置为居中,最后再输入签名名称,可以填写公众号的名称,方便后续使用,并单击"提交"按钮 。

> **提示**
> 签名设置成功后,只要单击素材排版区下方的"使用签名",再选择想要使用的签名,就可以瞬间在文章顶部和底部处自动添加上前缀、后缀签名,节省排版时间。

4.2.4 常用功能区

这一区域为135编辑器的常用工作区，其中的功能使用的频率非常高，接下来详细介绍一下常用功能的使用方法。

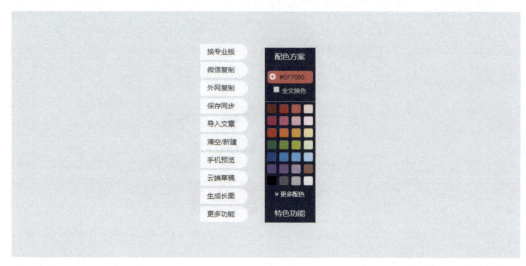

😃 换专业版

如果用户是有一定基础的微信公众号运营者，可以从基础版换成专业版，换成专业版后编辑器内大部分的内容都不会产生变化，唯一产生变化的是单击样式之后，在素材排版区弹出的样式工具窗口。

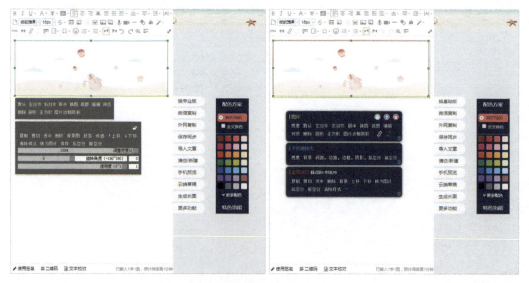

> **提示**
>
> 建议135编辑器的新用户可以先使用基本版，等可以熟练使用后再使用专业版。

微信复制

"微信复制"功能很简单,就是将素材排版区内的全部内容复制,然后可以打开微信公众号后台并粘贴(Ctrl+V)。

外网复制

单击"外网复制"可将排版区的内容复制到外网上使用。

保存同步

保存图文的时候,必须填写图文的标题,其他的内容都可以不填。单击"保存文章" 保存文章 ,文章就被保存在编辑器内了,可以在左侧的辅助功能板块中的"我的文章"内找到这篇文章。如果要将135编辑器内的图文同步到微信公众号素材库内,需要授权给微信公众号,再勾选公众号,然后设置封面图片,单击"保存文章" 保存文章 ,即可将文章同步到公众号素材库内。

当然,除了可以将图文保存在编辑器内,还可以直接将图文另存到其他用户的135编辑器中。单击"另存图文给其他用户"按钮 另存图文给其他用户 ,然后输入其他用户的编号,就可以将图文直接另存到他人的编辑器中。这对多人协作写稿来说非常方便。

提示

如果不同的内容使用的是同一个标题,要在存储选项中选择"保存为新的图文",不然会默认选择"覆盖原图文"。因此,不同的内容应尽量使用不同的标题,这样就不会出现推文被覆盖的问题了。如果因为操作失误导致文章被覆盖,可以通过"云端草稿"找回文章。

导入文章

如果直接将某网址上的内容粘贴到编辑器内，有可能会出现复制不全、排版错乱等情况，所以想要将某一网址上的文章内容导入135编辑器，不需要复制和粘贴，直接单击"导入文章"，将网址粘贴在框内，单击"确定"按钮 确定 ，即可导入。

清空 / 新建

想要清空素材排版区的内容或者新建一个空白的素材排版区，可以直接单击"清空/新建"，清空后素材排版区原先的内容无法恢复，需要提前保存好再进行清空。

手机预览

运营者有时候会遇到这样的情况：同样的图文内容，在大尺寸手机屏和小尺寸手机屏上却显示为不一样的效果，在大屏手机上样式能够显示完整，而在小屏手机上样式显示可能错乱。使用"手机预览"功能可以提前发现因为手机屏幕大小不同而导致的排版错乱的问题，及时进行修改。

"手机预览"页面左侧还提供了二维码，用户可以扫描二维码，然后在手机上预览。右侧是手机屏幕的模拟器，135编辑器非常贴心地提供了3种不同尺寸的手机屏幕供用户参考："5.5寸及以下""5.5寸屏"和"5.5寸以上"。

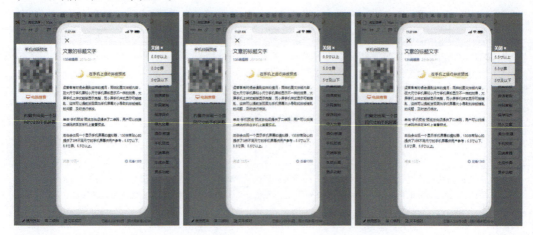

💬 云端草稿

"云端草稿"这个功能可以说是每一个微信公众号运营者在写稿时候的好帮手!它可以很好地应对一些突发的情况(公司突然断电了、计算机突然就死机了)。如果用户没来得及保存文章,不要急,打开135编辑器的"云端草稿",就能找回5分钟前的内容。单击"云端草稿",找到草稿之后,单击"使用草稿"按钮,就可以把草稿恢复到素材排版区中,不用担心文章丢失。

💬 生成长图

有些时候需要将推文内容转化成长图来使用,这时就可以使用"生成长图"功能。值得注意的是,首先,应该确认素材排版区内的推文内容(图片、文字)在转化成图片后不会有版权问题;其次,135编辑器是非专业作图软件,生成长图之后可能会有部分瑕疵;最后,免费会员可生成宽度为480px的长图,640px和1080px宽度的长图需要成为VIP会员、白银会员和黄金会员才可生成。

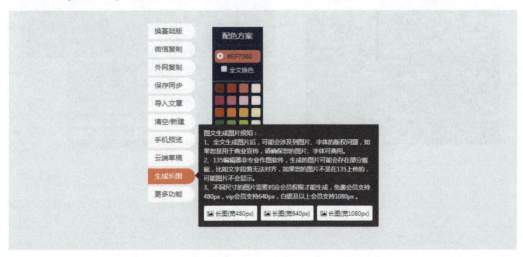

4.3 135 排版黑科技

135编辑器除了基本的排版样式,还有很多可以称得上"黑科技"的SVG交互样式,这些样式重视视觉设计和交互设计,使用这些样式之后,可以让用户的推文变得非常酷炫,科技感十足,想低调都不行。下面推荐几款135编辑器的SVG"黑科技"样式,一定要试试!

4.3.1 代码雨

"代码雨"这个样式,很像电影《黑客帝国》中的那种高科技的感觉,会让用户的推文具有强烈的"科技感"。用户可以在样式展示区的搜索栏内输入样式ID"91644",按Enter键搜索,单击样式后即可插入到素材排版区内使用。

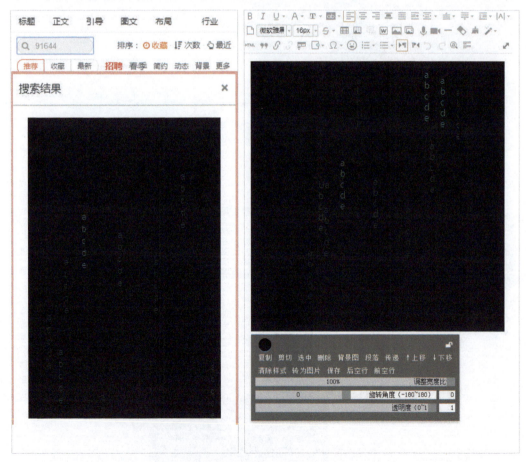

该样式的默认背景色是黑色,用户单击样式之后,可以单击弹出的样式工具窗口中的圆形"换色框",将背景色改成白色。修改背景颜色的方法是,单击样式,在弹出的菜单栏里面双击图形"换色框",修改为白色即可。

样式中的文字是"abcde",如果需要修改文字内容的话,单击上方的"源代码"图标,修改代码。

虽然源代码看着密密麻麻,但其实修改还是很简单的。如果用户要把默认的"abcde"的文字雨改成对应的5个文字"明天不加班",那么就需要把"<text …>…</text>"这段字符中的"abcde"中的"a"改为"明","b"改为"天","c"改成为"不","d"改为"加","e"改成"班"。如果想把文字雨里面所有的文字"abcde"全部改成"明天不加班",把全部"a""b""c""d""e"对应地改成"明""天""不""加""班"就可以了。

另外,若用户想要修改文字雨的颜色,不需要在代码格式中改,直接在常用功能区中勾选"全文换色",然后选择任意颜色即可更换。

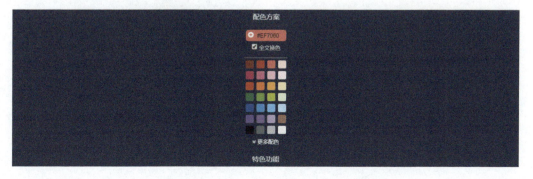

4.3.2 滑动样式（文字滑动、图片滑动）

滑动样式主要包含文字滑动和图片滑动两种形式。

😄 文字滑动类：信封样式

除小说、故事、新闻资讯类公众号之外，其他公众号介绍活动信息的推文篇幅不宜过长。如果推文的介绍内容过多，全部显示在推文上面会占据大幅的页面，这个时候就可以使用滑动样式，缩短推文篇幅，同时也能增加与用户的交互。

可以使用信封样式，在左侧搜索栏中搜索"信封"，选择喜欢的信封样式使用即可。

信封样式的使用方法很简单，先在素材排版区输入文字，然后全选文字，单击左侧的信封样式，使用秒刷功能。

😄 图片滑动

在135编辑器中图片滑动样式为图片左右滑动，笔者常使用的样式ID为91332。想要替换该图片滑动样式中的图片，需要左右滑动滚动条并选择图片替换，单击样式中的图片，在弹出的窗口中选择"换图"，即可上传图片更换。

第 5 章

功能强大的小插件：壹伴小插件

5.1 如何安装插件

想要使用壹伴小插件，可以先直接在浏览器里搜索"壹伴"，然后从官网下载并安装即可。

01 单击官网页面中的"安装小插件"按钮 。

02 在弹出的页面中确认添加小插件。单击"添加"按钮 ，将壹伴小插件添加到网页右上角的扩展工具中。添加完成后，会跳转至微信扫码关注"壹伴助手"公众号的页面。

03 使用手机微信关注，平台会向用户推送新人福利，用户可以选择购买或跳过，接下来就需要把运营的公众号授权给壹伴小插件。

第 5 章 功能强大的小插件：壹伴小插件

04 单击"立即授权"按钮 后跳转到授权页面，必须是该公众号管理员的微信扫码才可以将公众号授权给壹伴小插件，如果是运营者扫码，则无操作权限。运营者可以把二维码截图发给管理员，请求授权。

提示

用户可以将多个公众号授权给壹伴小插件，完成之后可以去已授权的公众号后台体验壹伴小插件的相关功能。如果用户在使用壹伴时出现了一些问题，可以单击页面右上角的 ⊙ 图标，查看当前版本是否为最新的版本，若非最新版本，可尝试进行更新，或许就能解决某些问题。

另外，如果运营者不需要壹伴提供的某一项功能，可以在"设置"页面内单击功能开关按钮 ⌄，将不需要的功能关闭。

5.2 首页新增的各项功能

安装好壹伴小插件后，运营者再次登录微信公众平台，会发现安装前后公众平台有很多不同之处。

5.2.1 首页数据看板

在没有安装壹伴小插件之前，微信公众平台首页的数据看板只包含简单的账号整体情况："新消息""新增人数""总用户数"。

安装了壹伴小插件之后，运营者将鼠标指针移动到"新增人数"上会显示出"今日新增""今日取关""今日净增"的用户数据，运营者只要查看这里的数据，就可以清楚地知道当日的用户增减情况。原本这3项数据需要在"统计>用户分析>用户增长"中查看，现在在首页中就可以查看了。

单击"查看"链接，运营者可以通过查看小时报获得每小时的新增人数、取关人数、净增人数，以及阅读量的数据。

5.2.2 我的工具栏

安装了壹伴小插件后，首页中还新增了"我的工具栏"，壹伴提供了8项工具："数据报告"（日报、周报、月报）、"导出图文数据""取关分析"（取关率分析、取关列表）、"打开率分析""增长小时报""违规文章检测""内容版权检测""壹伴服务"（开通留言、增加粉丝服务、抖音代运营服务）。

😃 数据报告

数据报告分为"日报""周报""月报"3类。日报表示每日的数据，会在次日更新；周报为每周一生成的上周数据；月报为每月1日生成的上月数据。

数据报告包含"公众号概况""发文情况",以及公众号菜单栏使用情况。运营者可以单击右上角的"下载PDF报告"按钮，将需要的数据报告下载到计算机中。

💬 导出图文数据

通过"导出图文数据"可以选择导出"近一月""近半年""近一年"的图文数据。导出的数据非常详细，包括送达人数、阅读量、阅读人数、公众号会话阅读量、朋友圈阅读量、好友分享阅读量、分享量、打开率、分享率、留言量、点赞量、朋友圈打开比例、当日增减粉丝量，以及次日增长比等。

有了这些详细的数据，运营者就可以分析出用户喜欢的文章风格，关注用户的打开率和自主转发程度等，从用户角度出发去分析，根据需求更好地进行优化调整，增强用户的认同感，提高公众号的阅读量。

取关分析

"取关分析"中包含"取关率分析"和"取关列表"。

取关率分析

运营者在首页"取关分析"中单击"取关率分析"后,会直接跳转到"统计>用户分析"数据页面,运营者可以在这里看到"取消关注分析"的情况。

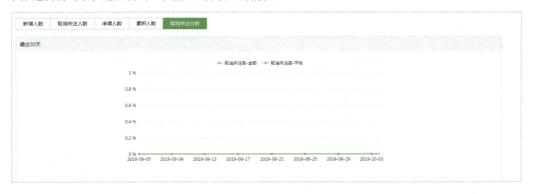

取关列表

运营者在首页"取关分析"中单击"取关列表"后,会跳转到"用户管理"页面,壹伴会在这里提供"已取关"的数据分析,单击页面中的"立即开通"按钮,即可开通该功能并查看该项数据。

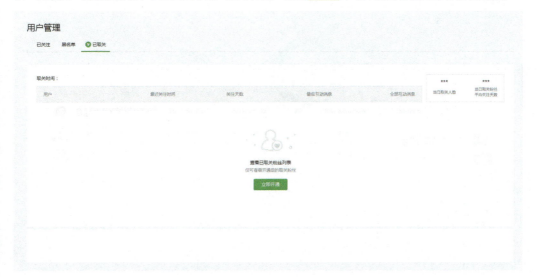

运营者可以选择取关时间来查看取关粉丝，右侧会显示当天的推文内容，运营者可结合当天的推文内容来查看。如果某一天大量粉丝取关，可以考虑是否推送的内容不恰当导致用户反感而取关，吸取经验教训。

> **提示**
> 仅可查看开通该功能后取关该公众号的粉丝，不可查看开通该项功能之前取关的粉丝。

打开率分析

单击"打开率分析"会跳转到"内容分析"页面，可以查看公众号"阅读来源分析"，进而对打开率进行分析，看看大部分用户是通过哪一种途径阅读公众号推文内容的。

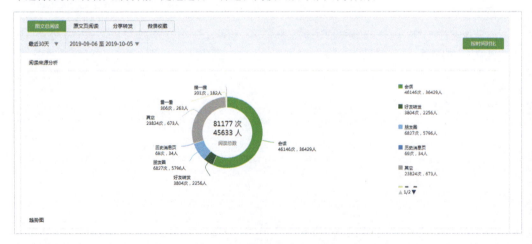

增长小时报

使用该功能可以查看某时间段的阅读数据，运营者在多次发送的过程中可以了解用户喜欢在哪些时间段阅读文章，从而及时调整发文时间，找到最适合的发文时间，提高公众号的打开率和关注新增率。

违规文章检测

使用"违规文章检测"功能可以查看公众号近一周、近一月、近一年或全部的推文,单击下方的"开始检测"按钮,壹伴即会为运营者进行检测。

如果有存在违规风险的文章,系统会提示,运营者可以单击"存在违规风险"提示下的"详情"链接,系统会根据违规风险进行提示,但该项功能仅供参考。如果运营者认为文章并不存在违规风险,可忽略违规提示;如果运营者认为文章确实存在违规的风险,可在选择文章之后单击"一键删除"按钮,将违规文章及时删除。

内容版权检测

版权问题是每一个公众号都可能会遇到的,不容忽视。壹伴提供的内容版权风险检测功能可以帮公众号提前发现内容上的版权问题,不过该项服务是收费的,且不包括图片版权的检测,运营者可以自行选择是否使用该项功能。

提示

该项版权检测功能只能起到降低风险的作用,并不能百分之百辨别是否存在侵权情况。即使使用了该项服务,也可能存在版权风险未被识别的情况,所以运营者并不能完全依赖这项服务,还是要从自身做起,加强版权意识,以免侵权。

💬 壹伴服务

壹伴工具栏中还提供了3项额外的服务："开通留言""涨粉服务"和"抖音代运营服务"。运营者如有需要，可以单击并添加客服微信了解详情。

5.2.3 当日订阅／事件／热点

在首页上，壹伴小插件还为运营者提供了3部分新增的内容："公众号订阅/关键词订阅""事件""实时热点"。

💬 公众号订阅／关键词订阅

如果运营者在壹伴上没有订阅任何公众号，那么在首页的"公众号订阅"处是看不到任何内容的，所以用户需要单击"去订阅"按钮，订阅公众号。在壹伴上订阅公众号有两种办法。

第1种： 在阅读公众号文章时点击右侧的"订阅公众号"，可在订阅中心中查看该公众号的最新文章及历史文章。

第2种： 在"全网搜索"中搜索公众号，可直接订阅。

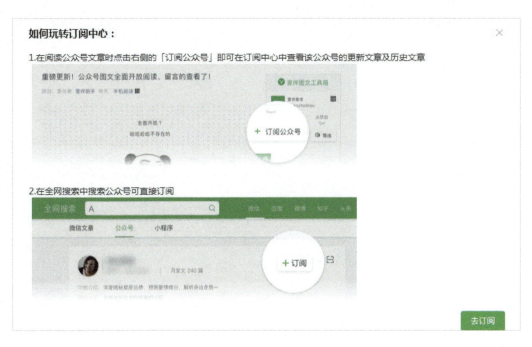

成功订阅某公众号之后,运营者可以在"公众号订阅"中查看该公众号的最新文章,单击文章标题可以直接打开阅读,还可以在网页右侧的壹伴图文工具箱里查看该篇文章的阅读量等信息,相当方便。

除了可以订阅公众号，运营者还可以单击"关键词订阅"，然后添加关键词，在全网中搜索跟关键词有关的内容。

运营者可以输入任意关键词，然后按Enter键进行搜索，这里以"外卖"为例，按Enter键后会弹出关于"外卖"的内容，运营者可以查看相关文章。

事件

在"事件"中，壹伴为运营者提供了当日的相关事件。运营者可以单击"更多事件"来查看壹伴提供的营销日历，营销日历可以帮助运营者提前或及时知晓某些热点，便于提前安排推文内容。

💬 实时热点

追热点是微信公众号运营者必不可少的技能之一，壹伴提供的"实时热点"功能与新浪微博的"热搜榜"同步，这样运营者可以在公众平台首页中了解到此刻微博的热点是什么。

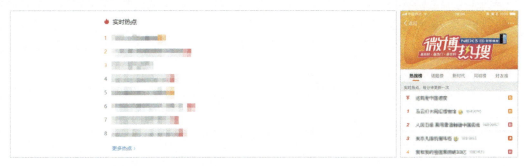

5.2.4 历史推文批量删除

如果没有安装壹伴小插件，运营者想要删除历史推文，只能在首页中一篇一篇地手动进行删除，这在删除大量的历史推文时非常麻烦。安装壹伴小插件之后，用户可以直接在首页中单击"批量删除"按钮 ，选择日期之后单击"下一步"按钮 ，然后全选文章或选择部分文章，单击"删除"按钮 ，即可对文章进行批量删除。

> **提示**
>
> 壹伴小插件的批量删除功能有时会出现Bug，若无法删除全部的指定内容，推荐运营者切换到其他的插件，例如新媒体管家。
>
> 新媒体管家的操作步骤和壹伴插件大致相同，可选择按日期或者按月份删除图文。由此可见，公众号插件的功能确实大同小异，用户可以多使用几款插件，之后选择最适合的，也可以多款插件搭配使用，能达到事半功倍的效果。

5.2.5 发送的推文的数据统计

运营者发送推文之后，若安装了壹伴小插件，可以直接将鼠标指针拖曳到首页"已群发消息"中的文章上，会显示4个图标 ，单击"数据统计"图标 ，会打开该篇文章的数据统计页面，运营者可以直接在此处查看单篇文章的数据。

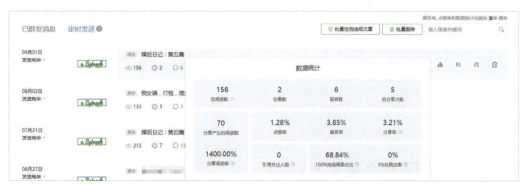

5.3 图文素材编辑区变化亮点

安装壹伴小插件后，除了首页有一些新增的功能，图文素材编辑区也有很大的变化。前后对比如下两图所示。

第 5 章 功能强大的小插件：壹伴小插件

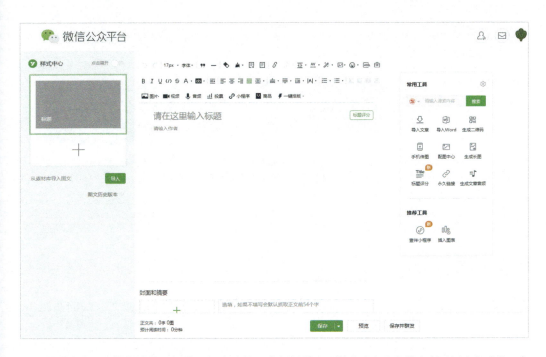

安装壹伴后，整个编辑区新增了很多功能：左侧新增了"样式中心"和推文的"导入"功能，上方的的编辑按钮在原来的基础上也有所新增，右侧新增了常用工具和推荐工具。

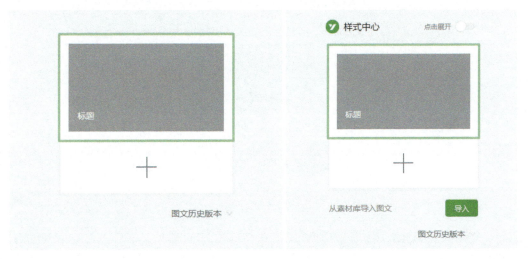

5.3.1 样式中心

壹伴的"样式中心"比较隐蔽，在编辑页面的最左侧，单击"样式中心"右侧的"点击展开"，即可展开各类样式，包括"收藏""模板""背景""标题""分隔""正文""图文""引导""节日"和"风格"。运营者还可以单击"更多"，进入壹伴的样式中心，选择喜欢的样式。

5.3.2 导入文章

"导入"功能和135编辑器的"导入文章"功能类似,都是粘贴需要导入的文章网址。不过两者还是有一定的区别:安装壹伴后可以直接将推文导入公众号图文素材内,135编辑器是导入编辑器内。如果运营者不需要对导入的文章的版面进行大幅度的改动,可直接通过壹伴导入公众号内。注意,直接通过复制和粘贴将文章复制过来,可能会造成排版错乱的情况。

单击"导入"按钮 ,将目标文章的网址粘贴在"采集图文"的框内,单击"文章采集"按钮 ,即可将文章导入。

第 5 章 功能强大的小插件：壹伴小插件

这里笔者以采集某公众号上的《深扒晒太阳给孩子补钙，有多不靠谱？》推文为例，粘贴推文网址之后，整篇文章都被采集到了图文素材编辑区内，所有的格式都和原推文一模一样，不会出现格式错乱的情况，经过原作者同意后，可以直接群发。

> **提示**
> 这里笔者还是要再次提醒大家，在转载文章的时候，一定要得到对方的许可，才可以转载对方的文章，在对方不同意的情况下，绝对不可以擅自使用对方的文章。

5.3.3 新增的编辑按钮

安装壹伴前后编辑按钮也会有很明显的变化。

安装壹伴后新增了一些编辑按钮，较为实用的是两端缩进、文字间距、全文过滤、圆角与阴影这 4 个按钮。

157

这里着重介绍一下壹伴的全文过滤这个功能，它可以帮助运营者执行非常多的命令。例如，有些时候运营者导入的文章可能是有首行缩进的，若想要消除首行缩进，只要单击"壹伴·全文过滤"，勾选"清除缩进"，然后单击"全文执行"按钮，就可以省去手动清除缩进的麻烦了。

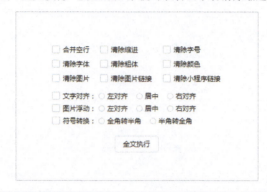

> **提示**
>
> 安装了壹伴小插件之后，运营者可以直接在后台调整两端缩进、文字间距，还可以对字体进行更改，同时添加Emoji表情、删除线、HTML源代码，这几个功能相信大家一看即会，这里就不介绍了。

5.3.4 常用工具与推荐工具

安装了壹伴小插件后，运营者可以看到原本空白的右侧新增了"常用工具"和"推荐工具"，共有12个功能，运营者在公众平台上编辑图文素材的时候，它们能帮上不少忙。

💬 搜索

这个搜索框可以根据关键词进行全网搜索。运营者可以单击左侧的下拉框选择搜索的范围,可以是搜狗、微博、头条或知乎。

输入关键词后,单击"搜索"按钮 搜索 ,即可进行搜索。以搜索"奶茶"为例,选择"搜狗",在搜索框里输入"奶茶",单击"搜索"按钮 搜索 ,即可跳转到结果页面。

💬 导入文章

"导入文章"与左侧的"导入"按钮 导入 作用一样,都是通过粘贴网址直接将微信公众号推文导入到公众号素材排版区内。单击"文章采集"按钮 文章采集 ,即可将原文导入。

💬 导入 Word

通过"导入 Word"可以直接选择本地的文件，然后将 Word 内容直接导入素材排版区，接着可以选择左侧的壹伴样式中心中的各样式，对文章进行排版。

💬 生成二维码

这是网址转二维码的功能，是壹伴与第三方工具草料二维码生成器合作加入的。在第8章中将会介绍草料二维码生成器。运营者可以单击"点击输入二维码内容"，在弹出的窗口内输入需要转换的网址，然后生成二维码。此处的网址不限于微信公众号推文的网址链接，在这里所有的网址都可以被转化为二维码。

第 5 章 功能强大的小插件：壹伴小插件

如果运营者觉得二维码的样式过于简单,可以对二维码进行美化,也可以选择好看的模板套用,在下载二维码之前先用手机扫码,扫码成功后单击右上角的"下载二维码"按钮 进行下载。

> **提示**
> 若运营者需要将某篇公众号推文网址转化为二维码,一定要使用文章的永久链接,而不要使用临时链接,因为临时链接在12小时后或预览次数达到500次后会自动失效。

手机传图

这也是一项特别方便的功能,有时候运营者需要往公众号中上传图片,但图片(手机截图、相片)保存在运营者的手机中,而不是计算机上。正常情况下运营者需要先将手机里的这些照片上传到计算机中,然后再上传到公众平台上才可插入,似乎有些烦琐。壹伴就可以解决这个问题。

01 选择"手机传图",然后用微信扫描页面上的二维码。

02 此时扫码的手机上会出现壹伴手机传图的界面，点击"选择图片"，可从手机相册中选择图片或者拍照并上传照片。选择好图片后，被选中的图片就会同时出现在计算机上。

03 单击"插入图片"按钮 插入图片 ，即可直接将手机里面的图片直接插入文章内。

💬 配图中心

壹伴的"配图中心"为运营者们提供了"Gif动图""无版权图"和"表情包"，很好地解决了新媒体人找配图、动图的需求。

需要提醒运营者的是，在使用"Gif动图"和"表情包"时，需要注意图片是否有版权，如果图片是有版权的图片（明星照片、动漫图片等），那么请取得授权或者不使用。壹伴也提供了免费图片，它们是基于CC0协议的无版权图片，运营者可以放心地使用。

运营者选中图片后，单击下方的"插入所选图片"按钮 ，即可将图片插入文章中。

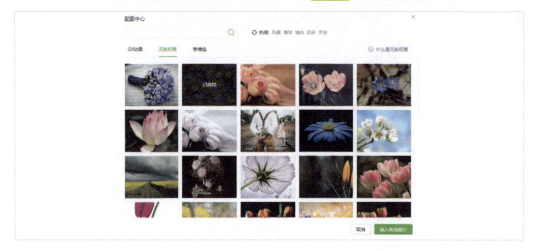

💬 生成长图

有些时候运营者可能会需要把全文导出成一张图片，而不是一个链接。例如，需要把内容放到其他平台（例如微博）上展示的时候，放长图会比放公众号链接更直观更方便一些；替甲方做完兼职工作的时候，不直接把链接发给甲方，而是给一张长图，若甲方满意可以先收一半的费用，然后再把完整的推文内容发给甲方，这样可以保护运营者的权益。

当全文内容编辑完成后，运营者单击"生成长图"，可选择将页面内容下载至计算机中。当然，也可以将生成的图片发送到手机中查看。

💬 标题评分

"标题评分"功能是AI标题助手通过指标来对标题进行评分,最多可一键测试10个标题,运营者可以通过该功能预估标题分数,根据AI标题助手给出的分数反复调整标题,让推文的打开率变得更可观。

这里随意测试3个标题,给读者举个例子。

标题1: 国庆去哪玩!都听我的!

标题2: 我准备了10+个理由,强烈推荐国庆一定要来这……

标题3: 强烈推荐!国庆教你如何玩遍西湖,看过这一篇就够了!

01 输入需要评分的标题后,单击"开始测试"按钮,壹伴AI标题助手会对运营者输入的标题进行评分,并根据分数的高低将标题排序展示。AI标题助手给出的评分数越高,表示传播的效果可能越好,笔者认为可以以60分为及格线,85分为优秀线,运营者可以根据给出的评分进行反复的修改,得出更高的分数。

02 如果运营者想使用某一个标题,可以单击右侧绿色的"使用",将标题自动输入顶部的标题栏。

03 如果运营者觉得标题的分数都不高,想要继续修改,可以单击"继续评分",返回到刚才的标题测试页面,重新修改标题并进行评分。如果运营者不知道如何修改标题,可以单击"查看推荐"按钮 ,AI标题助手会根据标题给出相对应的推荐标题。

😊 永久链接

当运营者完成文章的编辑和排版之后,需要在手机上预览文章,检查全文是否有语句不通、有错别字、排版错乱等问题。在公众号的图文素材编辑页面最下方单击"预览"按钮 ,即可将编辑好的图文的链接发送到手机上。

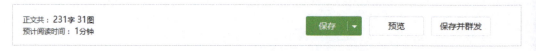

当图文的链接被发送到运营者手机上后,运营者打开之后会发现,该图文顶部有一条蓝底白字的提醒——"此为临时链接,仅用于预览,将在短期内失效"。

这句话的意思是，该链接只是用于预览的临时链接，如果文章被预览超过500次（单个ID重复登录算作1次），或链接生成后过了12小时，该链接就会自动过期，过期了之后就无法再查看链接内容了。若要再次预览文章内容，需要再登录微信公众平台重新发送一次链接。

由于临时链接有时效性，运营者在工作中可能会遇到一些麻烦事：运营者发送预览链接给领导审核，但领导当时并没时间查阅审核，第2天领导想要预览的时候却无法查看，便会要求运营者再发送一次预览链接，而运营者可能此时没有携带计算机，无法及时发送预览链接。

如果担心发生这种情况，运营者可以利用壹伴的"永久链接"功能，将文章的临时预览链接变成永久预览链接。运营者打开需要预览的推文，单击右侧壹伴"常用工具"里的"永久链接"，可在弹出的窗口中选择"扫码查看"或"复制链接"来查看推文。

生成文章音频

单击"常用工具"内的"生成文章音频"，可以将图文内容转化为音频，同时在文章内插入小程序图片，扫码即可收听。生成的音频是不带感情的机械的电子音，若图文确有配音要求，建议还是找专业人士来配音。

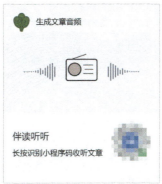

壹伴小程序

除了"常用工具"，壹伴还提供了两个"推荐工具"，一个是"壹伴小程序"，一个是"插入图表"。

单击"壹伴小程序",可以通过扫描弹出的小程序码,进入微信小程序。

运营者进入小程序后,可以在首页中看到"粉丝数""新增粉丝数"和"消息数",还可以在首页中看到壹伴提供的10项功能:"采集素材""标题评分""违规文章检测""生成长图""公众号素材库""公众号搜索""获取封面图""增长小时报""竞品分析""意见反馈"。运营者就可以在手机上通过"壹伴小程序"直接使用这10项功能。

插入图表

"插入图表"功能可以帮助运营者直接在微信公众号内完成各类图表的制作。有时候,在文章中放上一大堆的数据,不如插入一张图表更为直观。

01 单击"插入图表",运营者可以在弹出的图表工具内选择需要的图表类型,例如"基础饼图""多条折线图""堆叠面积图"和"基础柱状图"等。

第 5 章 功能强大的小插件：壹伴小插件

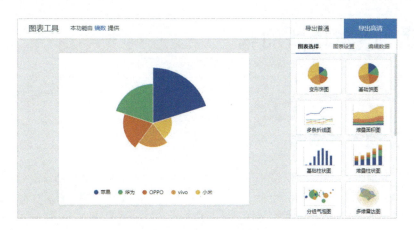

02 选择好图表类型之后，单击"图表设置"，可以选择图表的"主题"颜色，设置"标签""映射""标题"和"文字"等。

03 对图表的默认文字和数据进行修改后，单击右上角的"导出普通"按钮 或"导出高清"按钮，将图表插入文章当中。

5.4 原有功能加强

本节主要介绍壹伴插件对原有功能的强化，强化后的功能可以让运营者的工作更加高效。

5.4.1 互动消息增强

运营者在微信公众平台上可以收到用户发来的消息，普通消息最多可保存5天，多媒体消息最多可保存3天。但是三五天的保存时间，对于一些不常登录的公众号的运营者来说实在是太短了，经常会造成运营者没有及时登录而错过用户发送的消息的结果。

运营者安装壹伴小插件，进入壹伴后台后可以查看30天内用户发来的消息，这样运营者可以避免因未能及时登录而错过用户的消息。

01 单击页面右上角Y形的壹伴插件图标 ⊙ 壹伴，在弹出的页面里的"常用功能"中选择"壹伴后台"。

02 进入后台后,单击左侧的"互动",进入互动消息页面。运营者选择目标公众号,即可阅读该公众号收到的最多30天内用户发来的后台消息。不过由于微信官方接口限制,未认证的订阅号无法使用壹伴互动中心,只有认证的公众号可以使用。另外,如果是刚授权给壹伴的,是没有办法立刻查看30天内的消息的,要授权30天后,才能看30天内的内容。

> **提示**
>
> 虽然安装壹伴小插件之后,运营者可以查看30天内的用户消息,但并不能回复其中已经收到很久的消息。微信公众平台规定,运营者可回复在48小时内与公众号进行过互动的用户,若超过48小时运营者是无法进行回复的。因此,建议运营者常登录平台,这样用户向公众号发送消息时,运营者才能及时回复。

5.4.2 文章留言数据导出

如果运营者在推文里做了留言入选送福利这类的活动,就会收到很多用户留言。如果入选者名单人数多,需就要整理大量的用户信息,这时候如果手动记录用户信息过于麻烦。运营者可以利用壹伴的文章留言数据导出功能,直接将留言用户信息导出为Excel文件,选取运营者需要的内容即可,非常便捷。

01 在首页的"功能"中单击"留言管理",单击文章,在右侧会显示文章对应的留言。

02 若运营者需要导出这篇文章的留言,可以单击右侧的"导出留言"按钮，"导出当前文章留言"。这样该篇文章的留言内容就被下载到电脑上了,壹伴提供了留言用户的微信昵称(无微信头像)、用户所在省份,以及发送消息次数、留言次数和精选留言量。

> **提示**
>
> 若用户的微信昵称为空白或者是表情,则导出留言之后在Excel表格内无法显示用户微信昵称,遇到这种情况,就需要运营者根据用户留言内容,查找对应的用户昵称。

5.4.3 图片批量删除

微信公众平台的图片素材库的管理是最容易被运营者遗漏的,时间一长,图片库中就积累了很多图片。微信公众平台素材库的图片过多,可能会导致壹伴无法采集新的图文,所以运营者需要清理一些过期无用的图片。但微信公众平台只提供单张删除的功能。

安装了壹伴插件之后,在"素材管理"中单击"图片",就可以看到"批量删除素材"按钮。

单击"批量删除素材"按钮，结合组和时间范围来删除,例如需要删除"表情包"这个组里面的图片素材,必须结合图片上传时间范围来删除。

选择好之后单击"开始删除"按钮，然后确认删除，即可批量删除图片内容。这样可以一次性删除掉大量图片，比手动删除方便多了。

5.4.4 多账号同时登录

如果运营者绑定了不止一个公众号，即有两个或两个以上的账号，例如有A账号、B账号和C账号，可以使用壹伴来切换账号和同时登录，这样如果登录了A账号，不需要退出就可以直接登录B账号和C账号。

在页面的导航栏右上角找到绿色的Y形壹伴图标 ，单击之后选择"账号"，单击右下角的"添加新账号"，添加运营者所运营的微信公众号，接着单击"登录"按钮 ，即可切换账号和同时登录。

> **提示**
> 在12小时内第1次登录账号，需要输入账号密码，由管理员扫码，之后再登录12小时内已经登录过的账号，则不再需要输入账号密码，可以直接切换。这样在一天之内都不用反复扫码登录，非常人性化。

5.4.5 定时群发

壹伴的定时群发功能可以说是新媒体人的好帮手。如果运营者管理的是订阅号，那么基本上每天都需要推送一篇文章，对于运营者来说，为了保持热度，基本是全年无休的。但是微信公众号运营者也不可能做到无时无刻不坚守在工作岗位上，那么这个时候，壹伴的定时群发功能就能发挥作用了。运营者可以将目标推文定时群发，这样即使运营者不在计算机前，也可以在规定的日期和时间点发送推文。

01 进入群发页面，单击"群发"按钮右侧的箭头 ，选择"定时群发"，读者可以使用微信公众平台系统自带的定时群发功能，但只能选择5分钟后的今、明两天任意时刻。

02 安装了壹伴插件之后，在"群发"按钮 左边新增了一个"壹伴·定时群发"按钮 ，单击之后运营者可以设置定时群发。

03 可以看到，当天是10月11日，运营者最晚可以设定为10月20日，也就是说运营者可以选择10天内的任意时间段，只要提前写好推文内容，将它设定为在指定时间发送，这样即使出远门，也不用再担心推送的问题了。

如果需要取消定时发送，有两种方法。

第1种：在计算机端取消。运营者可以单击首页"已群发消息"旁的"定时发送"，在已设定"定时发送"的文章的"发送状态"下选择"取消发送"，即可取消定时发送，取消成功后当天的可发送次数会恢复之前的状态。

第2种：在移动端取消。运营者可在公众号"壹伴助手"内输入"定时群发"，然后输入"取消"+数字编号，再输入"确认取消"，即可取消定时群发。

5.4.6 阅读原文提醒

如果运营者在文章中写了"阅读原文"这几个字，表示会在文章底部插入某个网址，在阅读文章时用户可以单击"原文链接"，跳转到该网址查阅具体内容。

若运营者忘记在底部"文章设置"内输入"原文链接"网址，壹伴会自动弹出提醒，这样就能提醒运营者及时输入网址链接，避免遗漏。笔者之前偶尔也会忘记输入原文链接，有了这个功能之后，就再也没有忘记过了。

5.4.7 图片编辑

在正文内插入图片之后，单击插入的图片后会出现壹伴的图片编辑工具栏。

运营者可以在这里直接对图片进行简单的编辑操作，包括裁剪、图片替换、添加边框、增加圆角、调整尺寸、添加阴影和旋转等。

😊 裁剪

选择图片后单击"裁剪"，可以拖动选择裁剪区域，选择好之后单击"完成"按钮 ，即可裁剪图片。

图片替换

图片替换，顾名思义，就是将原图片改为另外的图片，运营者选择文中图片之后，单击"图片替换"，可以从图片库内选择图片替换，也可以单击右上角的"上传文件"按钮，从本地磁盘中上传图片替换，单击选中想要替换的图片，单击"确定"按钮，即可将图片替换。

添加边框

将图片插入文章后，若运营者想要给图片添加边框，可以单击"边框"，会弹出边框的颜色选项和边框粗细选项，默认边框颜色为黑色，若想更改边框颜色，单击圆形的色块后，在弹出的颜色面板中选择合适的颜色即可，也可输入颜色数字代码来选择。

选择颜色之后，运营者需要再选中图片，单击"粗细"按钮旁的"+"，便会在图片上添加边框，可以通过"-"和"+"来调整图片边框的粗细。

- 增加圆角

"圆角"功能很好理解，就是为图片的4个角添加圆弧，让其变为圆角，和边框粗细类似，运营者可以通过"-"和"+"来调整图片圆角的半径。

- 调整尺寸

"尺寸"功能通过"-"和"+"将图片放大或者缩小。

- 添加阴影

"阴影"功能通过"-"和"+"给图片添加阴影。

若在文章中插入了多张图片，且都需要添加圆角和阴影，运营者也可以单击编辑区的"壹伴·圆角与阴影"按钮，一键添加图片圆角和阴影，让图片设置更加快捷。

- 旋转图片

"旋转"功能主要用于旋转图片。

5.5 强大的图文工具箱

安装了壹伴插件之后，运营者在电脑浏览器上查看微信公众号的文章时，会发现原本空白的右侧多了一个壹伴图文工具箱，这里以某公众号的某篇推文为例。

微信公众号运营者可以利用壹伴图文工具箱进行诸多便捷的操作，接下来介绍怎么使用这个壹伴图文工具箱。

5.5.1 查看月发文数目 / 月平均阅读数

使用"壹伴图文工具箱"可以查看该公众号月发文数目,单击"查看",即可查看到该公众号的月发文数目和月平均阅读数。可以看到,该公众号截至截图当日的"月发文数目"为52,"月平均阅读"为2334。此处的月平均阅读数仅供参考。

> **提示**
>
> 举例中的公众号的头条阅读量基本都是几万甚至几十万,月平均阅读数怎么会只有2334? 笔者认为其原因可能有以下两点。
>
> 第1点:虽然该公众号的头条阅读量高达几万,但次条的阅读量远不及头条,次条平均只有几千,所以总的月平均阅读数被拉低了。
>
> 第2点:该数据可能存在延迟的情况,所以跟实际的数据会有所出入,所以此处的月平均阅读数仅供参考。

5.5.2 订阅公众号

单击工具箱内的"订阅公众号"按钮 +订阅公众号 后,运营者在公众号首页的公众号订阅栏内可以查看订阅的公众号近期发布的文章。若订阅公众号之后该公众号发布了新的推文,刚好运营者登录了壹伴且在使用浏览器,就会收到推送提醒。

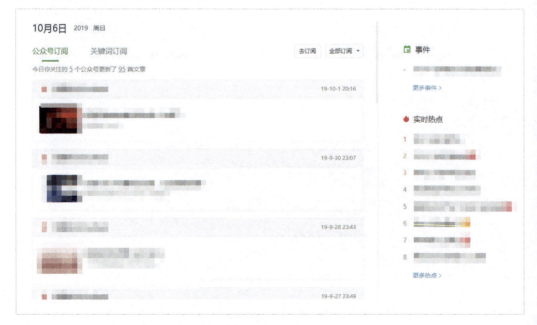

5.5.3 导出公众号全部图文数据

单击工具箱内的"导出"按钮，运营者可以将该公众号的历史图文数据全部导出，分析爆文的规律和挖掘异常数据。不过该项功能是壹伴的收费功能，运营者输入邮箱，单击"领取"按钮，完成支付之后，即可获得数据报告。

5.5.4 文章阅读数/点赞数

运营者单击阅读数下方的"眼睛"图标，可以查看该篇文章的"阅读数"和"点赞数"（在看数）数据。

笔者在手机端微信中打开这篇文章之后，查看了手机端的数据，跟壹伴提供的数据并无出入，这样看来数据还是比较准确的。

5.5.5 采集图文

"采集图文"主要用于将文章直接导入到公众号图文素材内，本质上和素材库的"导入"功能是类似的。壹伴图文工具箱中的"采集图文"是在网页上浏览文章的时候采集，可直接选择采集图文的目标公众号。

如果使用图文素材编辑区内的"导入"功能，需要登录公众号之后再输入目标文章的网址才可导入。

这两种导入图文的办法虽然操作不同，但目的是一样的，省去了原来运营者复制粘贴的过程，而且保证了导入的图文版面不会错乱变形。

5.5.6 合成多图文

为了方便转载多篇文章，壹伴在采集图文基础上又提供了"合成多图文"功能。运营者如果需要在一次推送内同时转载多篇公众号的文章，可以使用"合成多图文"功能。

运营者打开第1篇需要采集的文章，单击"合成多图文"，此时在"合成多图文"图标上会出现一个红底白字的数字"1"；打开第2篇需要采集的文章，单击"合成多图文"，红底白字的数字"1"就会变成数字"2"；如果需要继续采集，可以以此类推，打开第3篇、第4篇……推文并单击"合成多图文"，一次最多可添加8篇文章。

将需要的文章都合成在一起之后,单击"合成多图文"下方的"查看",运营者可以看到刚才合成的图文内容。

将鼠标指针移动到文章上方,可以通过"↑""↓"调整文章顺序,也可以单击"删除"按钮 删除采集的某篇文章。如果想要重新采集,可以单击"清空"按钮 ,清空刚才采集的全部内容。

如果运营者想要将合成的多图文内容转载到公众号图文素材库中,可单击"一键转载"按钮 ,选择目标公众号完成转载。

5.5.7 保存长图

相信读者经常在微博或朋友圈中以长图的形式发布微信公众号推文,有些读者可能会想,这些图片是不是先截图然后再一张张拼接起来的?其实不用这么麻烦。运营者可以用壹伴图文工具箱中的"保存长图"功能,将微信推文直接转化成图片。

单击"保存长图",壹伴会将文章转化成长图,运营者可以将生成的长图下载到计算机上,然后将图片发布到其他社交媒体上。

提示

微信公众号推文内如果含有动态图,生成长图后会变成静态图。如果推文内有SVG交互效果,交互效果将会失效。

5.5.8 采集样式

如果运营者在其他微信公众号推文内发现有喜欢的样式,可以直接通过壹伴进行采集。

单击"采集样式",会出现采集提醒,然后在文中框选出想要采集的区域,被框选的内容会变成绿色,单击"收藏"按钮，，该样式就会被收藏到壹伴的"样式中心>我的收藏"中。

运营者返回图文素材库,打开"样式中心",就能看到刚才采集的样式。若运营者返回查看时发现"我的收藏"内没有出现刚采集的样式,可以尝试刷新页面。

提示

采集的样式上面如果有来源不清楚的字体和图片,请谨慎使用。

第6章

这下不用担心推文里面没有合适的配图了

6.1 公众号推文配图上哪儿找？

运营者在进行推文排版的时候，配图是必不可少的，毕竟图文并茂才能使文章内容更加生动形象，合适的配图有助于用户想象场景，可以刺激大脑并加深印象。读者可以回忆一下上学时候的课本，这些书是不是都根据课文的内容配上了相关的插图？老师是不是也经常说让我们结合图片去理解课文内容？这就是配图的作用。

世上的图片千千万万，合适的却寥寥无几，而且还有一大部分是要授权才能安全使用的，剩下的那一小部分才是可免费商用的图片。当然，如果运营者下载网络上的图片后并不用于商业用途，例如只是放在自己的计算机上作为壁纸欣赏，这是完全没有问题的，但运营者不可以把图片未经许可便使用于商业用途。

运营者可以购买正版商用图库的企业版会员，根据网站的版权协议，是可以将图片商用的。

这里以包图网为例，运营者在搜索栏内搜索，例如搜索"秋天"，在搜索结果页面中可以看到图片的右上角会有一个"商"字图标，表示根据网站的版权协议，运营者购买企业版会员后，此图片可以用于商业用途。

提示

运营者一定要注意，虽然图片上标注了"企业可商用"的标志，但并不表示这些图片可免费商用。企业若想要将图片商用，必须先购买企业版会员，才可使用，绝对不可以擅自商用未授权的图片。

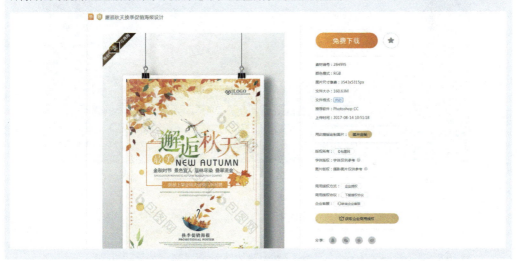

6.1.1 可免费商用图库（CC0 图库）推荐

下面笔者介绍5个可以免费商用图片的网站，这些网站上面的图片全部基于CC0协议，即创作者把图片共享出来，不再拥有版权，任何人都可以免费使用签署了CC0协议的图片。虽然CC0协议很美好，但也并不代表CC0图库中的图片毫无风险，只有拥有作品著作权的创作者本人才可以放弃著作权，将作品共享出来，但在实际情况下，很多平台无法做到真正的监督，确保图片上传者即为图片创作者本人，可能会存在冒名顶替上传图片的情况。下面介绍一些可以免费商用的图片平台，读者可以根据实际情况，在确认无误后使用。

💬 泼辣有图

泼辣有图是国内泼辣熊团队出品的免费可商用图库，每周会更新10张高清大图，运营者可以在顶部的搜索框内输入关键词进行搜索。该网站的图片是经过人工挑选的，图片的质量相对会有保证一些。

💬 沙沙野

沙沙野也是国内的免费可商用图库，素材超过百万，里面的图片、视频都可免费商用。普通用户可免费下载5张图片，注册后就可以无限下载。

💬 Pixabay

Pixabay的图片资源非常丰富，可以在底部的"Language"中切换为中文，将页面翻译成中文，而且可以用中文直接进行搜索。

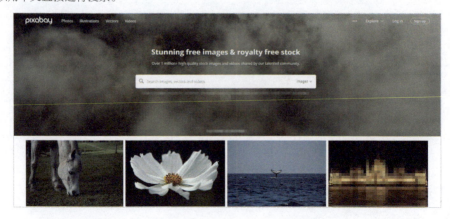

Unsplash

Unsplash也是非常有名的可免费商用的图库，网站每10天更新10张图片，也就是平均一天更新一张。运营者可以在浏览器中添加网页翻译插件，把英文页面翻译成中文页面。

Pexels

Pexels有各种各样的图片类型，图片质量高且数量多，每周都会进行更新，不过需要使用英文搜索。

6.1.2 高质量动态图/表情包网站推荐

下面给大家推荐一些动态图、表情包平台。动态图和表情包会让我们的推文变得更加生动形象和有趣，但不是所有表情包都能放到公众号推文里面，同样需要注意授权问题。

SOOGIF

SOOGIF是一个动图平台，动图资源非常丰富，只要在搜索框内输入关键词，即可搜索到相关的动图资源，单击动图之后进入下载页面，单击右侧的"公众号下载<2M"按钮 ，即可将动图下载到计算机中使用。

> **提示**
> SOOGIF除了可以搜索动图之外还提供动图编辑工具，关于动图编辑的功能，笔者会在后面的章节中具体给读者讲解。

Giphy

可以在搜索框内用英文进行搜索，图库内容丰富，但是加载速度相对比较慢，需要耐心等待一会儿。

01 在搜索栏里输入"rain"，搜索关于雨天的动图，然后单击其中一个雨天的动图，进入详情页面。

02 可以看到，这里并没有直接下载的按钮，运营者可以单击图片右侧的"Media"，单击第一个"Copy"将"Source"的网址复制下来。将复制下来的网址粘贴到浏览器中进行搜索，会打开该动图的单独的页面。

03 此时，在图片上单击鼠标右键，选择"图片另存为"命令，就可以将图片下载到计算机上了。

6.2 极简作图工具拯救不会设计的你

　　微信公众号运营者除了要对微信后台的操作熟悉、会找图，最好还要会作图。因为很多公司招聘微信公众号运营者的时候，都会要求运营者最好会基本的设计，能自行解决微信公众号推文配图的问题，所以笔者在这里给运营者介绍几款比较好用的极简作图工具，可以帮助运营者解决作图的问题。

6.2.1 美图秀秀

　　是不是没想到这里会突然介绍美图秀秀？不要以为美图秀秀只能给照片磨皮，除了这个功能，美图秀秀还有很多强大功能！这里以PC端6.0.1.0版本的美图秀秀为例，介绍一下相关用法。

😀 去水印

　　运营者如果想要去掉图片上的水印，可以用美图秀秀来去除。

01 打开美图秀秀，选择"美化图片"，然后在页面中单击"打开图片"按钮，从本地磁盘中选择一张照片；选择左侧工具栏里的"消除笔"，然后调整"消除笔"画笔的大小，在水印处反复涂抹，就可以去除水印了。

02 假设图片中的飞机是一个水印，想要去除掉飞机，只需要选择"消除笔"，在飞机处反复涂抹就可以去掉天空中的飞机了。

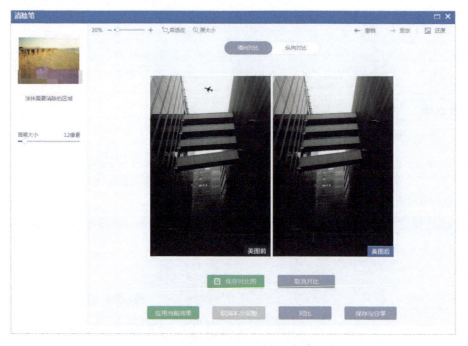

加滤镜

01 选择"美化图片"，然后单击"打开图片"按钮 ，接着选择目标图片。

02 在右侧可以选择各种"特效滤镜",让原本普通的图片变得有质感一些。完成之后单击右上角的"保存"按钮,即可将图片保存到计算机上使用。

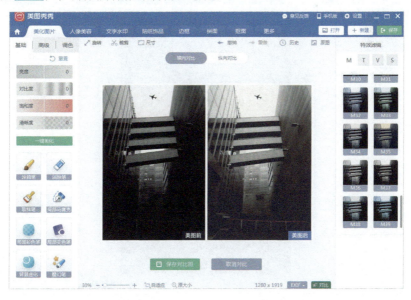

💬 **文字水印**

美图秀秀既然可以去水印，当然也可以添加水印。

01 打开美图秀秀之后，单击工具栏中的"文字水印"。

02 打开图片后，在左侧输入想要写的文字内容，然后设置文字的字体、字号、排列方式、颜色等，接着单击"输入文字"按钮，即可将文字内容添加在图片上。注意，不要忘记保存。

马赛克

使用美图秀秀的马赛克功能可以把图片的内容模糊化，例如脸部。

01 选择"美化图片"并打开目标图片，在工具栏中选择"局部马赛克"。

02 运营者可以根据需要选择使用哪种马赛克效果，并在下方修改"画笔大小"，然后在图片上涂抹，制作马赛克的效果。

魔幻笔

在"美化图片"中选择工具栏中的"魔幻笔",然后选择画笔的素材,在图片上涂抹,即可把素材添加到图片上。

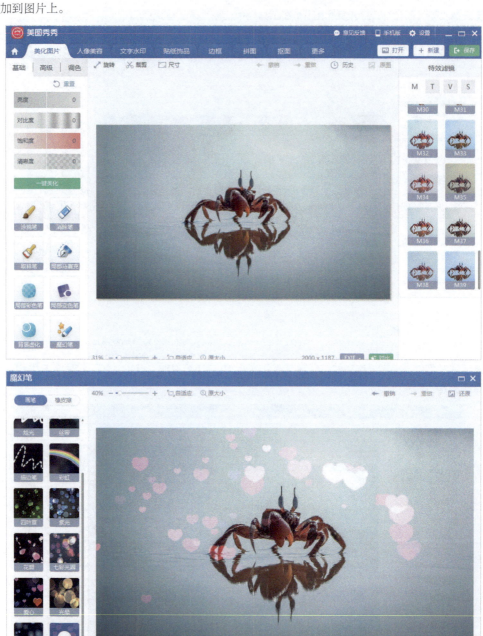

6.2.2 创客贴 / 稿定设计 / 图怪兽

创客贴、稿定设计、图怪兽等是比较简单的平面设计平台，运营者在上面可以制作营销海报、新媒体配图、印刷物料和电商页面等。如果运营者不会使用 PS（Photoshop）等专业的设计软件，就可以使用这类作图平台，直接套用合适的模板即可。

这类作图平台的操作方式基本类似，下面用创客贴来制作一张公众号推文封面图。

01 在浏览器中搜索创客贴，单击工具栏中的"模板中心"，进入模板中心；单击左侧的"新媒体配图"，然后选择"公众号封面首图"。

02 选择一张合适的图片，这里选择"奶茶插画首图"。单击选中的图片，可对该图片进行修改。

03 进入图片编辑页面，双击文字内容，可对文字进行修改；另外，在图片编辑页面上方会打开文字工具框，运营者可以修改文字的颜色、字体、字号和粗细等。

第 6 章 这下不用担心推文里面没有合适的配图了

04 在使用字体时尽量使用可免费商用的字体，例如这里的"阿里巴巴普惠体"就是一款免费字体。如果要使用会员字体，需要付费。

05 除了字体外，图片也是同样的道理，创客贴会对内容进行版权风险提示。单击"查看详情"按钮，可以结算支付，当然也可以选择升级会员。

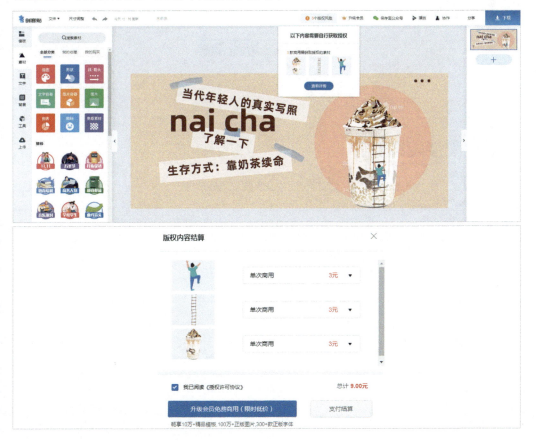

06 如果运营者不想使用这几项有版权的内容，可以删除这些图案，然后在"素材"中单击"免费"按钮 免费 ，搜索免费的CC0图片。

07 将全部内容修改好后，运营者可以单击右上角的"下载"按钮 下载 ，然后选择下载格式，将图片下载到手机或计算机上。

至此，一张公众号推文封面图就制作完成啦！运营者只要能熟练利用这些简单的平面设计工具，即使没有设计功底，套用模板也能做出好看的封面图。

6.2.3 壹伴题图制作

安装好壹伴小插件后，图文素材编辑页面中会出现"题图制作"工具 题图制作 ，包含"壹伴""懒设计""创客贴"3个选项。本小节主要介绍壹伴。

01 选择"壹伴",进入"壹伴·图片中心",运营者需要选择如何制作封面图。如果想从计算机本地磁盘中上传图片,可以单击"选择图片"按钮 ；如果想从无版权图库中挑选图片,需要单击"无版权图库"按钮 ,然后输入关键词搜索合适的图片；如果要设置纯色的背景,可以单击"纯色背景"按钮 ,然后选择颜色来制作。

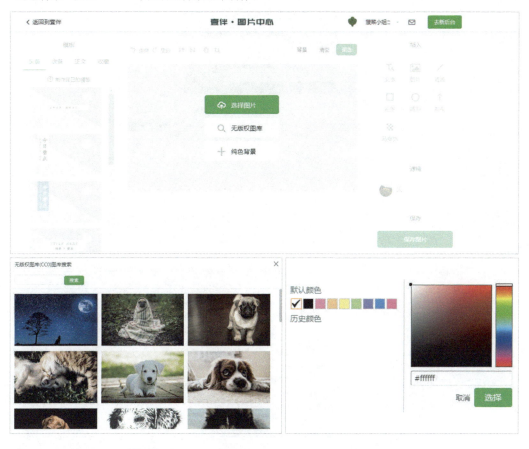

02 单击"无版权图库"按钮 ,挑选一张图片,单击图片后可对图片进行设置。

03 运营者可以在左侧选择"头条",然后选择适合头条封面图的模板,单击模板即可将样式添加到图片上。

> **提示**
> 添加样式模板后可单击样式上的文字,对文字内容进行修改,同时可以在弹出的文字工具条中设置字体、对齐方式、字号、颜色、不透明度和行高等。

04 除了可以套用模板外,还可以用右侧"插入"内的工具自行设计封面图,例如利用"矩形"画一个矩形,然后将矩形设置为白色,放置于图片顶部,然后选择"文字",在矩形内输入文字,例如"一颗菠菜菜",接着设置字号为40,颜色为黑色。

05 设置完后单击图片上方的"预览"按钮，即可查看此图作为单图文消息、多图文消息、朋友圈的封面图的效果。

06 预览图片无误之后单击右侧的"保存图片"按钮 ，选择对应的公众号，将图片保存到公众号图片库中使用，也可以将图片保存到本地使用。

提示

壹伴不像创客贴、稿定设计这类平面设计平台那么功能丰富，但是如果运营者想要将公众号头条封面图设置得风格统一、简约且辨识度高，就可以试试使用壹伴，为每张封面图添加公众号的Logo，为封面图设定统一的格式，加深读者对公众号的印象。

6.3 找不到合适的动图？你需要这些好用的工具

虽说动图千般好，可找图万般难，而且动图也是有版权的，即使运营者找到了非常合适的动图，也可能会因为动图太大、无法上传等而无法使用。既然找一张合适的动图这么麻烦，那不如自己动手做一张。

6.3.1 美图秀秀

美图秀秀的"闪图"功能可以将多张图片结合在一起形成闪烁的动图。动图本质上就是由一帧一帧的静态图组成的。读者应该都玩过小人书，每一页都是人物的动作，连贯快速地翻页面，所有图就动起来了，"闪图"的原理就类似于此。

01 在计算机中打开美图秀秀，然后在工具栏中选择"更多"，选择"闪图"。

02 打开一张图片。此时需要选择插入"闪图"中的其中一张图片。

03 打开第一张图片后,需要选择图片正上方的"自定义闪图",然后选择"添加多张图片",添加其他需要闪烁的图片。这里继续添加了两张图片。

04 添加完图片后,通过右侧的调整框可以对图片的位置和显示的大小进行调整。

05 调整好图片之后,单击下方的"修改闪图大小"按钮 ,修改到合适的尺寸。因为闪图的尺寸过大会导致闪图的体积过大,而公众号规定上传的动图的大小限制在5MB内,所以就会无法上传。调整好大小后单击"应用"按钮 。

06 修改好闪图的大小后,单击"效果预览"按钮 ,查看制作好的动图。如果觉得动图闪烁的速度过快或过慢,可以使用底部的"调节速度"滑块设置速度。确认无误后,单击底部的"保存本地"按钮 ,将图片下载到本地使用。

提示

只要发挥创造力和想象力,利用已有的素材,就能用美图秀秀做出非常不错的动图。这里制作的动图属于不连贯的动图。如果图片素材充足的话,运营者就可以制作出连贯动图,例如,将某一个人在一分钟内的所有动作都拍下来,然后用"闪图"功能制作成动图,那么动图就比较连贯了。

6.3.2 GifCam

使用GifCam不仅可以通过获取静态图来制作动图,还可以通过录制视频将视频内容做成GIF动图。打开GifCam后会弹出一个录制窗口(录制窗口在所有窗口之上),中间的录制区域是透明的,直接呈现内容。

这里笔者以微博"iPanda熊猫频道"的一段大熊猫"滚滚"玩耍的视频为例,介绍将视频制作为GIF动图的方法。

01 打开目标视频,将视频内容拖曳到需要截取为动图的位置。

02 打开GifCam,拖曳录制窗口,置于视频上方,可以修改录制窗口的大小,选择录制的区域。

03 选择好录制的区域后单击右侧的"录制"按钮 ,开始录制。

04 想要停止录制时，单击右侧的"停止"按钮，将刚才录制的这段内容下载下来，然后保存在计算机上。

05 在下载并保存GIF动图之前，可以先对刚才录制的内容进行预览。单击"保存"按钮右侧的小三角形，在下拉框菜单中选择"预览"，就可以查看刚才录制的视频内容，预览无误之后再单击"保存"按钮，将GIF动图保存到计算机上。

> **提示**
>
> 在"保存"按钮的下拉菜单中，除了"预览"外，还有"量化""邻近""256色""20色""灰阶"和"单色"等。下面简单介绍一下。
>
> 使用"量化"可以将颜色保持得最好，清晰度也最高，图片体积也最大。

使用"邻近"录制的GIF动图清晰度不如使用"量化"录制的。

使用"256色"录制的GIF动图会有少量且明显的绿色噪点,清晰度不太好。

使用"20色"录制的GIF动图会有密密麻麻的白色噪点。

使用"灰阶"录制的GIF动图的清晰度尚可,但颜色为灰色。

使用"单色"录制的GIF动图会变成黑白色,且有明显噪点。

06 如果查看动图之后发现刚才录制的效果不够理想,想要重新录制,可以单击"录制"按钮右侧的小三角形,在下拉菜单中选择"新建",清空刚才录制的内容,然后重新进行"录制—停止—保存"操作。

07 如果觉得动图的清晰度不够,可以单击"录制"按钮右侧的小三角形,在下拉菜单中选择FPS值。FPS指每秒播放的帧数,FPS越大,动图就越清晰。如果想设置为其他数值,可以选择"自定义",然后调整FPS的数值。

提示

在"自定义"对话框中可以修改数值,默认的FPS为10、16和33,运营者可以在这里修改数值,例如修改为15、25、35,单击"确定"按钮后,然后单击"录制"按钮右侧的小三角形,FPS变成了15 FPS、25 FPS和35 FPS,这样,运营者就可以选择合适的清晰度来录制。注意FPS的最小数值为1。

08 GifCam除了可以用"录制"按钮![]将视频制作为GIF动图,还可以用通过单击"单帧"按钮![]制作GIF动图,原理与美图秀秀的"闪图"差不多。单击"单帧"按钮![],将录制窗口中的内容制成一帧,每单击一次,顶部就会显示帧数。

提示

在需要的画面上单击"单帧"按钮![]后,运营者可以先预览GIF动图。如果觉得切换过快,可以通过修改FPS来调整图片切换速度。在使用"单帧"制作GIF动图的时候,FPS的值越大,图片的切换速度越快;FPS的值越小,图片的切换速度越慢。

09 如果需要录制整个计算机画面,可以选择"录制"按钮![]下拉菜单中的"全屏幕"。如果需要将鼠标指针路径录制进去,可以选择"录制鼠标"。

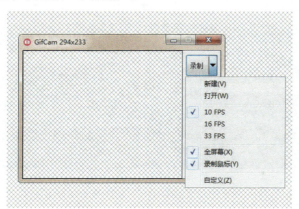

10 将GIF动图录制好后,还可以对录制的GIF动图进行编辑。单击"编辑"按钮![],可以查到GIF的每一帧内容,单击鼠标右键,可以对其进行"删除该帧""添加文本""调整"和"裁剪"等操作。

6.3.3 SOOGIF

运营者在SOOGIF上不仅可以搜索到很多有趣的动图，还可以制作GIF动图，它的功能非常强大。首页包含5大动图工具："多图合成GIF""视频转GIF""GIF编辑""GIF压缩"和"GIF裁剪"。运营者可以直接在网站上操作，不用下载任何工具。

💬 多图合成 GIF

这个功能与美图秀秀的"闪图"功能原理相同。运营者可以通过单击"上传"按钮 或粘贴网络图片网址来添加图片。注意，免费会员最多仅可上传3张图片。这里上传了3张图片，进入设置页面。

运营者可以在左侧看到多图合成GIF的效果，在右侧可以拖曳图片调整图片顺序；拖曳速度调整滑块可以对GIF图片的变化速度进行调整。不仅如此，运营者可以选择GIF图片的画质，选项包括"标清""高清"（会员专享）和"超清"（会员专享），也可以调整GIF图片的尺寸，选项包括"240P""360P"（会员专享）、"720P"（会员专享）和"原图尺寸"（会员专享）。

除了这些基础设置外,运营者还可以单击"图片效果"按钮 ,在GIF上添加文字,设置文字的颜色、字体、动画效果、GIF动图的比例和GIF背景等。设置完成之后,单击下方的"生成GIF"按钮 ,即可生成GIF。

> **提示**
> 若使用了会员功能,系统会提示运营者要先升级会员才能解锁和使用功能,所以如果运营者为免费版本会员,很多功能无法正常使用。

视频转 GIF

运营者可以输入网络视频的地址,然后单击右侧的"添加网络视频"按钮 来添加网络视频。但使用后会发现一个问题:输入网络视频地址之后,提示视频有误,无法识别。这是因为网络视频也具有版权,只有少数视频才可以直接添加。

上传一段本地视频后可以看到整个视频的内容,拖曳时间滑块可以选择需要截取的时间段。目前免费版本仅支持截取5s内的片段,升级会员后可截取15s内的片段。

同样，运营者还可以选择画质和尺寸，以及添加水印。全部设置完成后单击"生成GIF"按钮 生成GIF ，即可生成GIF。另外，运营者还可以单击"预览"图标 ⊙ ，预览无误后单击右侧的"下载"，即可将GIF下载下来。

💬 GIF 编辑

该项功能属于白金会员功能，不升级为白金会员无法使用。运营者开通白金会员后可以对GIF进行编辑，包括给GIF添加水印文字、给GIF添加各种滤镜和给GIF添加好玩特效。

💬 GIF 裁剪

该功能主要用于裁剪掉动图上某些不需要的部分。

第 6 章 这下不用担心推文里面没有合适的配图了

单击"本地上传"按钮 或将GIF网址粘贴到搜索框内，将GIF动图上传后可进行裁剪操作。调整原图上的虚线框，即可选择裁剪区域，然后单击"直接下载"按钮 ，就可以将图片下载下来了。

😊 GIF 压缩

"GIF压缩"主要用于压缩体积过大的GIF动图。因为微信公众平台对GIF动图大小的要求为5MB以内，所以运营者需要将GIF动图压缩在5MB以内。

215

如果要压缩GIF图片,并将其上传到公众号后台,可以单击"自定义"按钮,设置"自定义gif参数"为5MB,即可将图片压缩到5MB以内。

选择好压缩的尺寸,直接拖曳GIF文件到框内,就可以将图片压缩到目标大小,然后单击"直接下载"按钮,即可将GIF动图下载到计算机上。

提示

非白金会员制作的GIF图片都含SOOGIF的水印,所以如果运营者介意水印,可以升级为白金会员或者更换为其他GIF平台。

216

第 7 章

「大 V」也在用的微信公众号小秘诀

7.1 如何上传大体积图片到公众平台上

微信公众平台要求上传的图片的大小不得超过5MB,且图片的高度(像素)与宽度(像素)的乘积不能超过600万。

遇到图片大小超过限制的情况,多数运营者会选择放弃使用这张图片,或对该图片进行压缩。可很多时候,压缩过后的图片质量会大大下降,尤其是一些动图。笔者从新媒体运营群中学得一个小技巧,可以突破平台的5MB限制,该技巧首发自公众号"石学姐"。办法很简单,只要有QQ和135编辑器即可。

01 打开QQ空间,单击空间首页中的"相册"。

02 单击"创建相册"按钮，创建一个"仅自己可见"的专用于公众号配图相册(方便整理)。

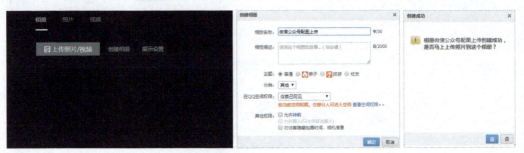

03 单击"选择照片和视频"按钮，从本地选择图片并上传。

04 选择图片并上传之后,可以在上方选择3种尺寸:"普通""高清"和"原图"。建议选择"原图",可以保持图片的清晰度,避免被压缩,单击下方的"开始上传"按钮，将其上传到QQ空间中。

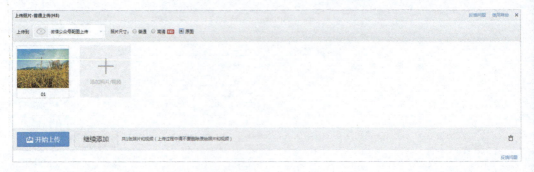

> **提示**
> 这里选择了一张大于5MB的静态图,动态图一样适用。

05 图片上传完成后会弹出图片编编辑页面,运营者可以输入图片的"名称"和"描述"。为了节省时间,一般什么都不填写,直接单击"保存并查看"按钮 保存并查看 。

06 将图片成功传到相册中之后,需要单击上传的图片,将图片打开,然后在图片上单击鼠标右键,选择"复制图片地址",将这里的网址复制下来。

07 打开135编辑器,单击"多图上传"图标,然后切换到"插入远程图片",将刚才复制的网址贴在"地址"中,预览之后单击下方的"确定"按钮,将图片插入135编辑器中。

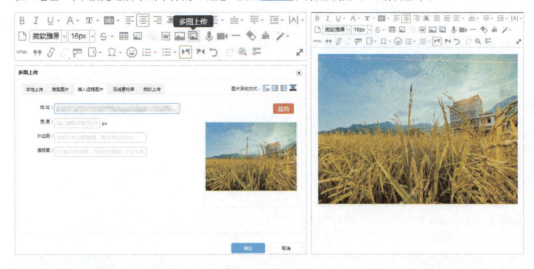

08 单击"微信复制"按钮,打开微信公众号图文素材编辑页面,将图片粘贴进去。

7.2 如何群发带超链接的文字消息

目前在iOS的微信中,不管微信公众号推文的头图做得多么吸引眼球,只要不是用户的常读订阅号或星标订阅号,头条的封面图都会变成1:1比例的小图。未被星标或者常读的公众号在订阅号消息中只能显示这么小的版面,看起来很像次条,版面不够突出,很容易被用户漏读。

第 7 章 "大 V"也在用的微信公众号小秘诀

未被星标或者常读的公众号

被星标或者常读的公众号

这时候,如果运营者不发送图文消息,只发送文字、图片或视频,可以获得一个大版面。这就有了一个"曲线救国"的办法,那就是群发文字,然后在文字上附上超链接,用户点击之后可以跳转到设置好的推文内容。这样既可以在订阅号消息里面获得大版面,又能够推广文章,不失为一个小妙招。当然,运营者除了可以在推送的时候发送带超链接的文字,还可以在自动回复里添加超链接。

提示
带有超链接的文字显示为蓝色,不带有超链接的文字显示为黑色。

01 需要准备好要群发的文字内容,以及点击之后跳转的链接网址。打开微信公众平台,单击首页"最近编辑"旁的"新建群发"按钮 ，直接进入群发的页面。

02 在群发页面中选择"文字",如果此时运营者已经安装了壹伴插件,可以选择"添加文字链接",在弹出的对话框内设置"链接文本"和"链接地址"。

03 在"链接文本"里输入文字"搜狗微信搜索,点我一键直达",在"链接地址"里填写文字跳转后的地址。此处的网址不仅可以放微信内链,还支持微信外链。

04 输入文本和地址之后单击"插入"按钮，即可完成文本超链接的设置。单击"预览"按钮，在手机上检验一下设置是否成功。这样就变成了大版面,而且带超链接的文字变成了蓝色,点击即可跳转。确认无误之后就可以直接发送给用户了。

222

> 提示
>
> 如果运营者没有安装壹伴插件,也没有关系,其实超链接文本就是利用了一段简单的代码,也就是"<a href ="网页的链接地址">超链接的文字内容</a>"。运营者只要将这段代码的"网页的链接地址"和"超链接的文字内容"替换掉,然后再输入到群发的文本中就可以了。

7.3 点击文字,公众号直接回复

有一种比较不常见的超链接,就是用户点击蓝色的文字,公众号会自动输入用户的问题,然后直接回复对应的答案。这种情况,笔者在"腾讯客服"微信公众号上遇到过。

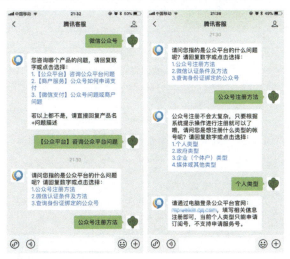

这种自动回复与关键词回复有所不同。关键词回复是输入关键词之后,通过关键词来获得回复;这里是点击蓝色的字体之后,获得系统的直接回复。设置这种自动回复其实也很简单,只要在关键词回复的设置内结合一串简单的代码就能做到。

下面通过一个简单的例子讲解代码的使用方法。输入关键词"中奖号码"可以获得关键词回复，点击该关键词回复中的蓝色文字，会自动显示出笔者刚才点击的选项，随后微信公众号继续弹出选项的自动回复。

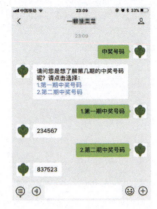

01 运营者需要设置自动回复。因为该内容是输入关键词"中奖号码"之后弹出的回复，所以需要设置"自动回复"中的关键词回复。

02 单击右侧的"添加回复"按钮 ，进行关键词设置。设置"规则名称"仅为了方便运营者管理和查看，不对外显示，所以可以输入方便自己记忆的文字，这里输入"中奖号码回复"；"关键词"匹配建议设置为"全匹配"，输入关键词"中奖号码"；如果只有一条回复的话，可以选择"回复全部"，也可以选择"随机回复一条"。

第 7 章 "大 V"也在用的微信公众号小秘诀

03 设置关键词的"回复内容"。单击"+",然后选择"文字"。

04 输入带文字的代码内容。这串代码内容为"<a href="weixin://bizmsgmenu?msgmenucontent=点击蓝色字后用户自动输入的内容&msgmenuid=1"> 蓝色的文字</a>",这里双引号中的内容就是关键的代码,"蓝色的文字"和"点击蓝色字后用户自动输入的内容"可替换成需要的内容,代码中的数字"1"可用于区别代码,如果有第2条代码,可修改为"2"。

提示

将"蓝色的文字"和"点击蓝色字后用户自动输入的内容"修改成"1.第一期中奖号码"。由于有两处蓝色字,所以需要再用一次代码,将"蓝色的文字"和"点击蓝色字后用户自动输入的内容"修改成"2.第二期中奖号码"。

05 单击"确定"按钮，即可完成回复内容的设置。如果运营者遇到内容有误,但是手机上显示正常的情况,可忽略。单击"保存"按钮，即可完成输入"中奖号码"后自动回复的设置。

225

7.4 同一篇文章如何拥有两个不一样的封面图

根据目前微信公众号的规则，同一篇文章在被星标和常读与未被星标和未常读这两种情况下，显示的封面图是不一样的。被星标和常读的公众号推文封面图是2.35：1的大图片，未被星标和未常读的公众号封面图为1：1的小图片。

运营者在设置2.35：1（上图）和1：1（下图）比例的封面图的时候，都是从同一张图片上面选择全部或者部分区域。1：1比例的封面图常常会因为尺寸过小，不能完整显示，所以如果是未被星标和未常读的公众号，用户看到的图片就只能显示部分信息，非常不美观。

现在有个小妙招，可以让推文同时显示两个不同且完整的封面图。如果是被星标和常读的文章，可以显示完整的大版面；如果是未被星标和未常读的公众号，也可以显示一个完整的小版面。这个办法很简单，用PS（Photoshop）、AI（Illustrator）或美图秀秀将两个不同比例的封面图拼接在一起即可。下面用美图秀秀讲解原理。

01 首先运营者需要提前准备两种比例的封面图，一张是2.35：1的公众号推文封面图，一张是1：1的公众号推文封面图。

02 打开美图秀秀，选择"拼图"，选择并打开一张封面图。

03 选择左侧的"图片拼接"，然后单击左侧的"添加多张图片"，选择另外一张封面图。在上方的菜单栏中设置"边框大小"为0，单击下方的"保存与分享"按钮，将图片保存下来，这样两张封面图就被拼接在一起了。

04 打开公众平台,进入图文素材编辑页面,新建图文之后选择上传封面图。选择刚才制作好的封面图,现在就可以选择两种比例的封面图了。

提示

用美图秀秀拼接的图片清晰度会下降。如果运营者会使用其他软件,可以尝试,原理都是一样的。

7.5 如何在公众号中插入 Emoji 表情

在公众号的菜单栏、自动回复、文章中经常可以看到一些可爱的Emoji表情，添加这些表情可以让整个公众号看起来活泼有趣。但是这些可爱的Emoji符号是从哪里找的呢？

这些Emoji小图标不就是平常用微信聊天时常用的Emoji表情吗？那可以直接从微信聊天窗口中复制过来吗？显然不能。那这些公众号是怎么做到的呢？很简单，通过135编辑器可以找到这些好看的小表情。

01 打开135编辑器的编辑页面，单击"素材库"，选择"Emoji符号"，跳转到135编辑器Emoji工具，在这里面可以发现很多Emoji表情符号。

02 在搜索栏中输入英文关键词，可以搜索出含该英文的表情名称。注意输入中文无效。运营者也可以直接单击"快捷导航"中的内容。找到需要的Emoji表情后，单击右侧的"复制"，然后粘贴到菜单栏中、被关注回复中或文中等需要使用的地方即可。

表情	表情名称	Unified	DoCoMo	KDDI	Softbank	Google	微信效果	操作
☀	black sun with rays	U+2600	U+E63E	U+E488	U+E04A	U+FE000	☀	复制
☁	cloud	U+2601	U+E63F	U+E48D	U+E049	U+FE001		复制

> **提示**
>
> 安卓手机和苹果手机显示的Emoji图标会略有不同，大部分图标不支持放置在微信公众号推文标题上，只有很少一部分图标支持。

7.6 怎样下载其他公众号推文里的视频

运营者经常会在别人的公众号里看到一些视频，有时候会需要把这些视频提取出来，放在自己公众号里面使用，但是视频内容没有办法复制粘贴，而且不能直接从推文里找到网址，也就无法从公众号上直接下载，这该怎么办呢？这里为运营者准备了3种从微信公众号推文上下载视频的办法，运营者可以结合自己的实际情况，自行选择合适的办法。

7.6.1 查找网页源代码

虽然"查找源代码"听起来似乎很复杂，但其实这是最快捷而且最简单的办法，在网页源代码内找到视频的网址就可以了。这里以某美食类公众号中的一篇推文《用了100+个鸡蛋才学会的流心蛋包饭，不看看对得起我吗？》为例。

01 在计算机上登录桌面版微信，然后把该篇带有视频的推文发送给"文件传输助手"，再复制该篇推文的网址，在计算机上的浏览器上打开这篇推文。

02 按快捷键Ctrl+U，查看网页源代码。这里看不懂没有关系。

03 按快捷键Ctrl+F，激活查找框，输入"v.qq"，会显示有3个查找结果。在这3个结果中找到带有"http"的网址，这个网址就是视频的网址。

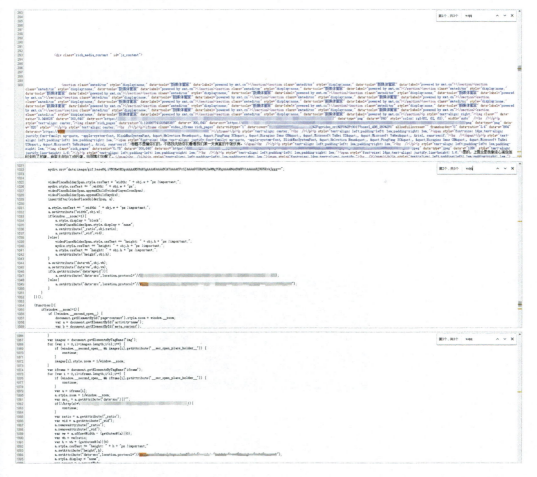

04 从截图上可以很明显地看出来,只有一个结果中带有"http"的网址,那这个网址就是目标视频的网址。

05 打开微信公众平台图文素材编辑页面,单击编辑区中的"视频",然后选择"视频链接",将视频网址粘贴在"视频/图文网址"中,弹出目标视频后,单击"确定"按钮,即可将视频插入推文。

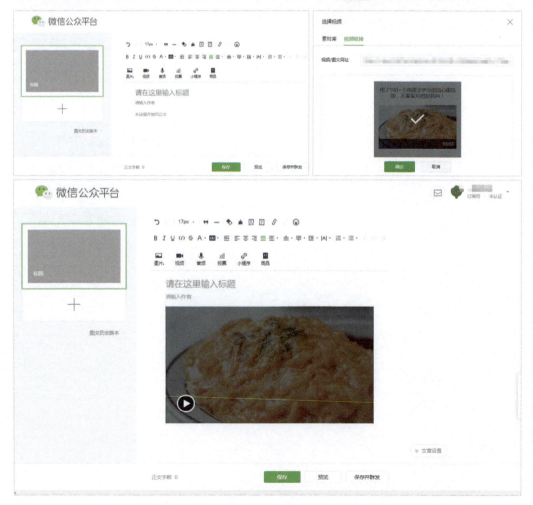

7.6.2 壹伴采集图文

如果运营者的浏览器上安装了壹伴小插件,那也可以用采集图文的办法来得到文章中的视频。

01 在浏览器内打开推文,在右侧壹伴图文工具箱里中单击"采集图文",将文章采集到运营者公众号的图文素材库中。采集成功后就会看到这篇文章已经被采集到目标公众号的"素材管理"中。

02 单击"编辑"按钮,进入编辑页面。这里的视频是可以复制的,选中视频,被选中的视频会呈蓝色,按快捷键Ctrl+C复制。

03 打开需要插入该视频的推文,按快捷键Ctrl+V,将该视频粘贴即可。

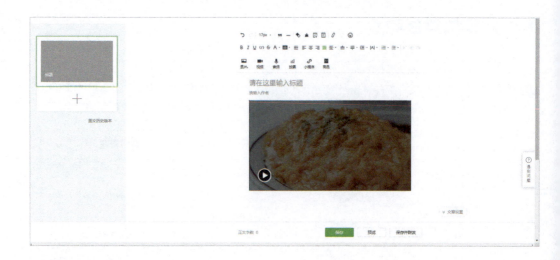

7.6.3 公号素材助手

"公号素材助手"是一款可以下载图片、视频、音频的微信小程序,它的功能很强大,除了可以下载微信公众号内的图片、视频、音频,还可以下载微博、淘宝、Ins等平台中的视频、音频。

01 先在微信上搜索到小程序"公号素材助手"。

第 7 章 "大 V"也在用的微信公众号小秘诀

02 在微信上打开目标推文，这里选择一篇带视频的推文。单击右上角的3个点之后，在弹出的菜单栏中选择"复制链接"，将该篇推文的网址复制下来。

03 打开"公号素材助手"小程序，将目标推文链接粘贴在框中，单击"获取"按钮 ，即可获得该篇文章的所有图片、视频、音频和摘要信息。

04 单击"复制此播放地址"按钮 ，即可获得文中的视频网址，然后将此网址粘贴到微信公众号图文内使用即可。当然，运营者还可以单击"下载视频"按钮 ，将视频下载下来。

提示

"公号素材助手"目前可免费使用，但需要通过观看广告获得积分，并用积分兑换次数；也可以通过分享给新用户使用来获得积分，并用积分兑换次数。

235

7.7 如何设置上传的多图的无缝效果

在上传多张图片的时候，运营者可能会遇到这样一个问题：上传多图后，相邻两张图片之间会有一条白色的空隙。如果上传的多张图片内容是连贯的条漫，白缝会让阅读体验变差。那如何才能将多图之间设置成无缝呢？

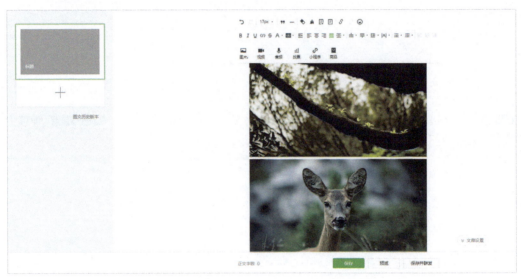

打开微信公众平台，进入图文素材编辑页面内对多图进行编辑。选中第1张插入的图片，单击上方菜单栏中的"左浮动或右浮动"按钮。

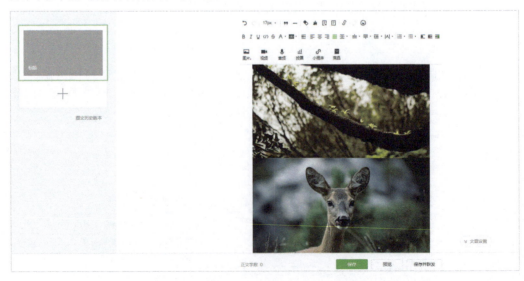

如果下方还有第3张图片，继续选中第2张图片，单击上方菜单栏中的"左浮动或右浮动"按钮，就可以将第2张和第3张图片之间设置为无缝了。

7.8 如何使点击图文后跳转到其他链接

当用户打开推文之后，点击文章中的某张图片或文字，可以跳转到另外一篇微信公众号推文或其他的外部链接，例如，在某篇推文中点击图片，收到"即将打开新的页面"的提示，选择"允许"之后，就会跳转到另一篇推文。这是怎么做到的呢？

其实很简单，只要为图片添加上"超链接"，就能做出这样的效果。那如何快速判断哪些图片是被设置了超链接的呢？如果图片右上角有状似"门"的符号⇱，就代表该图片被设置了超链接。

不仅图片可以被设置超链接，文字也可以。下面介绍如何添加超链接。

01 打开微信公众平台图文素材编辑页面，将想要添加超链接的图片插入文章内，例如一张风景照，然后选中该图片。

02 单击上方的"超链接"图标 🔗 。

03 输入地址,即在"链接地址"中输入目标网址,可以在这里输入其他公众号或者自己公众号推文的地址(公众号的内链)。

提示
　　注意,为文字或图片添加超链接的时候,任何公众号都能在这里设置内部链接(微信公众号推文的链接),但如果想要设置外部链接(非公众号推文链接),只有开通了支付功能且已认证的服务号才可以操作。

04 如果想要跳转到自己公众号发送过的历史推文,可以单击"查找文章",然后从已群发的历史推文中选择。

05 选中文章之后,单击"确定"按钮 ,图片上就会出现一个跳转符号,这样图片超链接就设置好了。

提 示

如果要为文字设置超链接,方法也是一样的。输入文字之后,选中该段文字,然后单击"超链接"图标 ⌀,接着添加链接地址,即可给文字添加上超链接。设置了超链接的文字默认显示为蓝色,将鼠标指针移动到文字上,还会显示出网址。

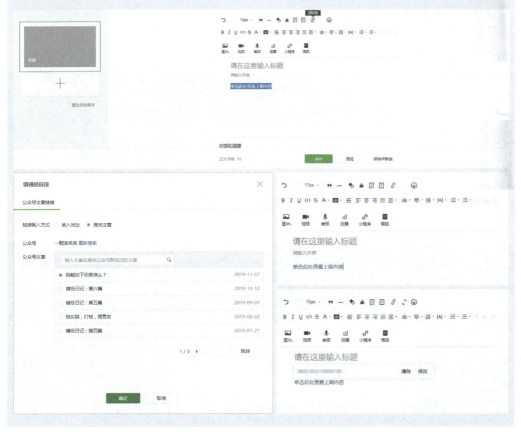

7.9 如何让上传的 PNG 透明底图片不显示为白底

在上传PNG透明底图片的时候经常会发现一个问题：明明导出的是PNG透明底图片，想要一个透明的效果，为什么上传到公众号后台中之后就变成了白色的图片，导致推文背景被白色覆盖？

如果运营者遇到这种情况，需要调整一下图片的导出方式。这里以AI（Illustrator）为例，讲解一下导出的方式。

01 执行"文件>存储为Web所用格式"菜单命令。千万不要选择"导出"命令。

02 在右侧选择"PNG-8"格式，注意导出后的大小最好在40kB左右，这样上传到公众平台上之后就会变成透明底了。

第 8 章

必备的高效运营工具

8.1 手机端的微信公众号运营工具

作为一个微信公众号运营者,工作中使用频率比较高的就是计算机了,可一旦离开了计算机,就没法进行所有的工作了吗?其实不然。因为运营者也可以通过手机来进行一些简单的操作,例如发送推文、回复留言、查看后台数据等。这样运营者即使在无法使用计算机的情况下,也可以解决一些工作上的突发状况。

下面介绍2款适合手机端日常工作使用的微信公众号运营工具。

8.1.1 公众平台安全助手/订阅号助手

01 运营者可以直接在微信上关注"公众平台安全助手",也可以从手机商店中下载"订阅号助手"App。

02 这两款都是官方出品的微信公众号运营工具。在"公众平台安全助手"上,通过点击菜单栏中的"绑定查询",运营者可以查到手机号、身份证号和微信号绑定了哪些公众号。

03 这里点击"手机号绑定账号",在弹出的页面中输入手机号和验证码,点击"确定"按钮,即可查询到手机号绑定的公众号。

04 如果运营者需要解除对该公众号的绑定,可以点击目标账号,然后在弹出的页面点击"解除绑定"即可。

除了这项查询功能之外,这两款工具的其他功能有大量重叠的部分,并且"订阅号助手"App 的功能更为丰富一些。所以这里以"订阅号助手"为例,讲解一下官方工具为运营者提供了哪些主要功能。

8.1.2 新建素材 / 编辑素材

01 在"发表"栏中点击"新建"可以新建素材,可以发布文章/图片消息/文字消息。

02 选择"发表文章",输入标题和文字内容,然后点击"下一步"。

03 在此处设置推文的封面图、摘要和作者,同时可以选择是否申明原创。设置完之后可以点击右上角的"微信预览",可选择"发送到微信聊天预览"或"通过订阅号图文消息预览"。建议选择"通过订阅号图文消息预览",这样看到的预览状态和计算机端的预览状态是一样的。预览无误之后,运营者可以点击"发表"按钮 将文章推送出去。

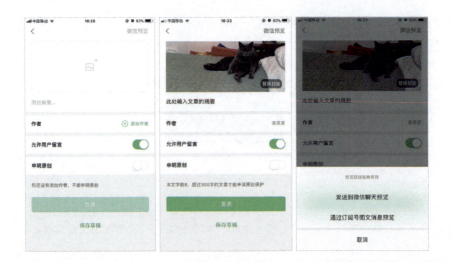

提示

在手机端发表推文时排版会受到很大的限制,也就无法进行专业的排版,所以不建议直接通过手机端来编辑文章,除非是发表不需要进行排版的图片消息或者文字消息。若需要发布美观的图文消息,还是建议通过计算机端,并用编辑器来进行专业排版之后再发布。

8.1.3 查看留言 / 精选留言 / 回复留言

运营者登录账号之后,可以在"互动"栏中看到已发表的文章。

01 如果文章开启了留言或者赞赏的话,点击文章标题可以查看文章的留言和赞赏情况。如果最近有新的留言或者赞赏,下方还会有提醒。

02 点击读者留言旁边的星星图标即可将用户的留言精选。

03 点击读者的留言，可以在手机端直接回复。

8.1.4 查看历史推文数据

运营者在App主页中点击页面下方的"发表"，进入"我的发表"页面，即可查看所有发表过的文章。

在文章的标题下方，可以看到文章的"阅读量""留言数""赞赏金额"和"点亮再看的人数"。

8.1.5 查看公众号统计数据

01 在App主页的"我"中点击"数据统计"，可以查看"用户统计"和"文章数据"。

> **提示**
> 在"数据统计"的"用户统计"中，运营者可以查看公众号简单的用户情况，包括"用户总数""今日新增"和"取消关注"，还可以在下方选择时间段，查看公众号用户数量变化的折线图。

02 在"数据统计"的"文章数据"中，运营者可以看到昨日"阅读总数""分享转发次数"和"微信收藏次数"，也可以在下方选择时间段，选择某一段时间发送的文章，然后点击右侧的"排序"按钮，可以根据需求对文章进行排序，并查看结果。

第 8 章 必备的高效运营工具

03 点击已群发的某篇文章，还可以查看该篇文章的具体阅读数据，包括转化效果、阅读场景数据、文章来源分布比例、发文后一周和每日的阅读量详情。这样即使运营者手边没有计算机，也能通过手机端的"订阅号助手"App查看到相关数据。

8.1.6 发送需要预览的推文

如果运营者没有携带计算机，却需要临时发送素材库内的推文给某人预览，"订阅号助手"也可以帮助运营者完成任务。

01 在App主页的"我"中点击"素材库图文消息"即可进入图文素材库。

02 进入素材库后，选择需要发送的文章，点击文章之后可以进入该篇文章的发送页面。

247

03 点击右上角的"微信预览",输入预览者的微信号/QQ号/手机号,就可将目标文章发送到对方手机上供其预览。当然,如果"历史发送记录"中有对方的名字,可以直接点击发送。发送成功后,对方微信就会收到需要预览的文章。

8.1.7 修改错别字/删除推文/为原创文章设置转载名单

如果运营者发表文章之后,需要修改已发表文章内的错别字,或想要删除该篇推文,或给该文章设置转载名单,也可以在手机上设置。

01 在"订阅号助手"App主页的"发表"内找到"我的发表",点击之后即可查看文章。

02 看到发表的文章之后,点击需要修改的文章,查看文章的全文内容。

03 阅读全文之后,点击右上角的3个小点,进入菜单。在这里可以看到"设置转载""修改错别字"和"删除"这3个选项。

设置转载

01 点击"设置转载",进入原创文章转载白名单的设置页面,这样在手机上也可以给原创文章开设白名单。点击"添加公众号",然后输入转载公众号的昵称或者微信号。如果目标公众号曾经被设置为转载公众号过,可以直接在下方"设置过转载的公众号"中选择。

02 选择好目标公众号之后,点击公众号右侧的按钮,运营者可以设置目标公众号的转载权限。

03 运营者可以选择该公众号是否可以不显示转载来源。若选择"不显示转载来源",那么该公众号在转载文章的时候,将不会显示原文所在公众号的信息。若不选择,那该公众号只可修改该篇原创文章的内容,转载的时候会显示转载来源。

修改错别字

在PC端修改错别字,一篇文章最多可以修改一次,一次最多可以修改20个字,支持删除、增加和替换。手机端目前也是一篇文章最多可修改一次,但一次最多只能修改5个字,且不支持增删,只能替换。所以如果要修改的内容字数多,需要在PC端上进行修改。

那手机端的已发送推文的错别字怎么修改呢?

01 点击"修改错别字"。

02 找到需要修改文字的位置,点击之后会选中周边的5个字,再选择目标文字进行修改。

03 替换文字后点击"完成",在页面左上角会看到替换的文字内容。

第 8 章 必备的高效运营工具

04 完成所需替换后，可以点击右上角的预览，将文章发送到微信中预览。

05 确认无误之后点击右上角的提交，可以将文字内容替换。这样已发送的文章中的文字也会被替换。

8.1.8 修改公众号基础信息

在App主页中点击"我"，点击公众号的头像，可以查看公众号的详细信息（名称、微信号、二维码、简介、注册信息和登录邮箱）。点击对应的内容，可以进行查看和修改操作。

8.1.9 查看关注公众号的人（排行榜 / 用户分析）

点击"关注我的人"，选择"排行榜"，可以看到近15天"阅读最多""分享最多""赞赏最多""精选最多"和"留言最多"的前10名用户。点击具体项目，可以看到用户的排行榜。

选择"用户分析"可以看到简单的用户分析，包括"性别分类"和"城市分布"。

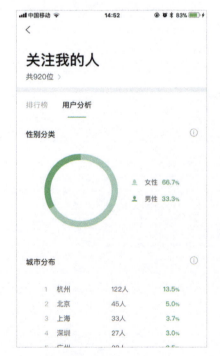

8.1.10 切换公众号账号

如果运营者的微信号绑定了多个微信公众号，可以直接在App内切换登录。

在App主页中点击"我"，然后点击"设置"。

点击"账号管理"，选择需要切换到的账号即可立即切换。

8.2 热点搜索工具

要成为一个合格的微信公众号运营者，要学会紧追热点。不管是最新的时事新闻和娱乐新闻，还是生活新闻，都要在第一时间了解。了解了当下最火爆的热点之后，就需要结合热点来写文案，这就是我们常说的蹭热点。要蹭热点，前提是要能搜到热点。下面介绍几种帮助运营者搜索热点的工具。

8.2.1 微博热搜排行榜

第1个要介绍的热点搜索工具，就是常用的微博热搜榜。每天热点的消息都会实时更新在微博上。如果你看到一个微信公众号运营者在刷微博，那他绝不是在偷懒"摸鱼"消磨时间，而是在找热点。热点是不会从天上掉下来的，运营者要时不时地去微博上翻翻热搜排行榜，看看有没有什么新的热点出现，然后将其与公众号的内容相结合，就有可能写出爆文。

8.2.2 热播电视剧

看电视也是微信公众号运营者获得热点的渠道之一,尤其是有全网热播剧的时候,例如这些年大火的电视剧《人民的名义》《延禧攻略》《都挺好》《长安十二时辰》和《陈情令》等。有许多公众号通过蹭这些电视剧热点,撰写相关的文章,吸引读者阅读,阅读量破10万,一跃成为微信流量大V。

8.2.3 微信朋友圈

微信朋友圈也是获得热点的一个工具。有些事件可能在微博上还没有开始发酵,却早已经在微信朋友圈中被转发得热火朝天。在微信朋友圈中发生的某个事件也可能会成为全网热点。

8.2.4 热点小黄历

这款工具是微信的小程序,它提供全年的营销活动热点。运营者进入小程序后,拖曳下方的时间条,可以查看全年每个月的重要节假日,它相对来说还是一款功能比较齐全的日历。点击某具体日期,可以查看具体的节假日介绍。运营者可以根据具体的日子,制订相关的活动或者推送计划。

8.3 二维码制作工具

二维码也是微信公众号运营者常会使用到的工具。在工作中,运营者经常需要生成推文二维码、公众号二维码和问卷二维码等。所以,制作二维码也是微信公众号运营者工作中不可缺少的一部分。

8.3.1 二维码生成器：草料二维码生成器

在浏览器内搜索"草料二维码生成器"，进入草料官网，运营者利用草料二维码生成器就可以为文本、网址、文件、图片和音/视频等免费生成二维码。它的操作页面非常简单，只要根据对应的类别，上传相应的内容，就可以生成普通的二维码了。

01 进入官网后，单击上方的"网址"。

02 将需要生成二维码的目标推文的网址粘贴在网址栏内。

03 输入网址之后，单击"生成二维码"按钮 ，右侧就会生成二维码，然后单击"保存图片"按钮 ，即可将图片下载到计算机上，这样一个简单的二维码就制作好了。

> **提示**
>
> 网址静态码和网址活码有什么区别呢?
> 　　刚才生成二维码的时候,是选择了默认的"网址静态码",生成二维码后,提示可以升级成为网址活码。网址静态码和网址活码的区别是什么呢?网址静态码直接对网址进行编码,生成后内容无法改变,也不能统计扫描数据。网址活码生成后,内容仍可随时修改而无须替换二维码,还能跟踪扫描数据。生成活码之后,运营者可以在后台查看活码并对其进行编辑。

如何生成活码

01 输入网址之前,先选择"网址活码"。

02 同样地,将需要生成二维码的目标推文的网址粘贴在网址栏内。

03 单击"生成网址活码"按钮 生成网址活码 ,右侧将会出现生成的二维码,单击"保存图片"按钮 保存图片 ,可以将活码下载到计算机上。

第 8 章 必备的高效运营工具

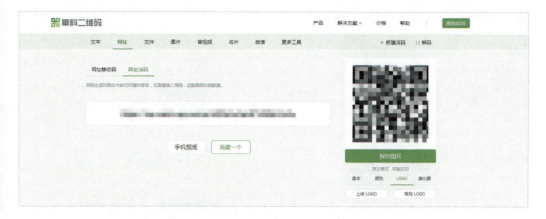

💬 如何跟踪活码的扫描次数和修改活码内容？

01 单击页面右上角的"前往后台"按钮 ，进入草料二维码生成器的后台。

02 单击左侧的"网址活码",可以查看所有的网址活码（其中两个是系统设置的案例）。此处的"未命名网址码"就是刚才生成的活码,这里会显示活码当天被扫描了几次和总共被扫了几次。

03 在活码页面中找到目标二维码后,可以对目标二维码进行设置。

04 单击此处的"编辑",即可进入二维码的编辑页面。

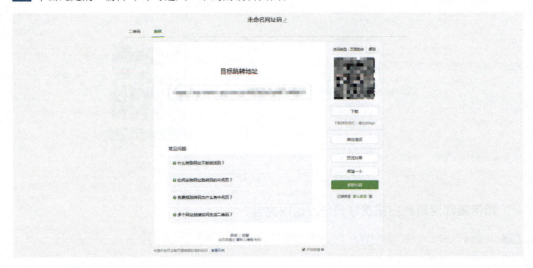

05 运营者可以单击顶部的"未命名网址码"旁的 ⌀ 按钮,对该二维码进行重命名,方便日后查找。修改名称后单击"确定"按钮 确定 。

06 如果运营者需要修改二维码的内容,可以删除原跳转目标地址,改为新的目标网址,单击右侧的"更新内容",重新扫描二维码内容就变成新的了。这样即使二维码已被印刷出来,也无须修改二维码,可轻松更改二维码的内容,非常方便。

07 单击"统计",即可进入二维码的详细统计页面。选择左侧的各选项卡,可以分别根据日期、地域和系统环境等来查看二维码的扫描情况。

08 除了以上这些优点之外,还可以通过"删除"来使活码失效,从而阻止用户扫描获得信息。静态码是不会失效的,只能通过删除原链接内容,来阻止用户获得信息。运营者想要让活码失效,只需要单击"删除",即可将二维码内容删除,删除后扫码将无法显示原网址内容,但原网址依旧有效。

8.3.2 艺术二维码生成器:第九工场

刚才用草料二维码生成器生成的二维码是非常普遍和常见的黑白色的二维码。这里要再介绍一个专门做艺术二维码的网站:第九工场。

第九工场提供了各种不同的主题场景,而且运营者可以选择不同的尺寸(公众号尺寸、单码尺寸、海报尺寸、微信名片尺寸等)。该网站上除了有静态的二维码,还有动态的二维码,运营者可以选择网站提供的模板直接套用。

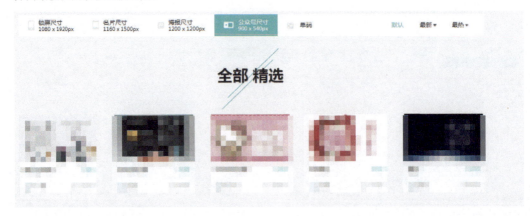

当然,这些艺术二维码有部分是可以免费使用的,也有需要付费才可以使用的,希望所有人都能尊重并支持设计师的创作成果。这里以免费的二维码为例,介绍怎么套用第九工场上的模板。

01 在搜索框中输入关键词,这里输入"免费",单击"搜索"按钮 搜索 ,即可搜索到免费的二维码模板。

02 网页下方会显示所有免费的二维码,运营者可以根据需要的尺寸选择合适的二维码,默认会显示"锁屏尺寸"页面,单击"单码"就会显示所有单码尺寸的免费二维码。

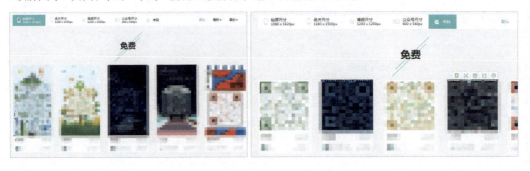

03 选择一个喜欢的二维码并单击，即可进入该二维码的后台，对二维码进行修改操作。运营者想要将普通的二维码变成艺术二维码，可以单击"上传普通二维码"，将普通的二维码（也就是草料二维码生成器这类工具做成的简单的二维码）上传。

04 上传之后，单击右侧的"下载生成"按钮 ，按钮会由灰色变成蓝色，运营者就可以将其下载下来。

05 如果运营者没有普通二维码，而是想直接用网址或文字生成，可以选择"方法二：输入网址或文字"。

06 将网址或者文字输入框内，然后单击"下载生成"，即可将生成的艺术二维码下载到计算机上。

8.4　公众号搜索工具

有时候运营者会需要寻找某公众号上曾经发布过的某篇推文,但是只记得义章大概的内容,并不记得详细的发文时间和文章标题,那要怎么样才能找到这篇文章呢?这里给读者介绍两个方法来找到推文。

8.4.1　公众号自带的搜索工具

在微信公众号中,其实有自带的搜索工具,可以根据关键词搜索到相关文章。该功能面向所有关注公众号的用户,只要关注公众号即可使用。

01 进入公众号的详情页。这里以"果壳"公众号为例。

02 点击右上角放大镜形状的搜索图标,输入关键字进行搜索。

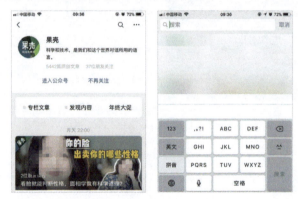

03 这里以输入"脸"作为关键字为例,进行搜索。从下图的搜索结果中可以看出来,搜索结果并不按照时间来排序,而且没有筛选功能,只能手动进行查找。

8.4.2 新榜号内搜工具

除了公众号自带的搜索工具，运营者也可以借助第三方工具来搜索公众号内的文章。新榜的号内搜就是一款比较好用的号内搜索工具。目前有很多公众号都会在菜单栏内添加号内搜的功能，为用户提供更为便捷的搜索方式。

下面就来介绍一下"新榜号内搜"的使用方法。

01 运营者需要先关注"新榜服务"公众号，关注公众号后菜单栏内找到"号内搜管理"。

02 点击"号内搜管理"，在搜索框内输入目标微信公众号的名称或者公众号的微信号。这里以"丁香医生"公众号为例，输入"丁香医生"，然后点击搜索图标。

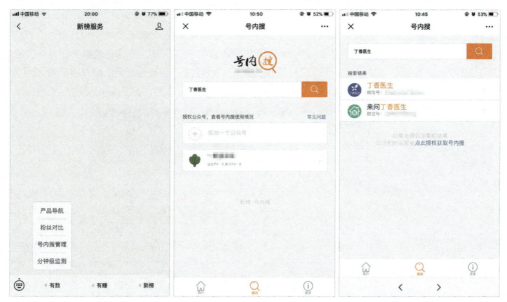

03 选择好目标公众号之后，扫描弹出的二维码，即可获得新榜提供的"丁香医生"公众号的号内搜链接。

04 在"新榜服务"公众号内，点击弹出的推文头条，即可获得"丁香医生"的号内搜链接。

提示

运营者可以在搜索框内搜索关键词，但从左侧的截图中可以看出来，搜索范围为自2018年11月26日起至当日，并不是包含公众号全部内容。这是因为"丁香医生"公众号并没有升级号内搜，普通版的号内搜只能搜索到近一年发布的文章（若加入新榜时间短于一年，则只能搜索到加入新榜之后的推文），只有升级号内搜才能搜索到公众号的全部历史数据。

05 号内搜这个功能向所有人提供服务，即使不是公众号的管理员或者运营者，也能用号内搜来搜索。就如，笔者并不是"丁香医生"公众号的管理员或者运营者，也可以获得号内搜的链接。点击右上角的3个小点，选择"复制链接"即可获得链接的网址。运营者获得网址之后，可以将网址放到菜单栏中、原文链接中或者被关注自动回复中等地方使用，方便关注公众号的用户寻找号内的历史推文。

8.5 公众号表单工具

有些时候，运营者需要在公众号内向用户征集一些信息，进行一些问卷调查。这时候运营者需要学会利用一些第三方表单工具，来收集更加完善的信息。例如涉及线下报名/活动登记/问卷调查等情况时，都可以通过制作表单来收集和分析数据。

表单工具有很多，常用的一般有2款：问卷星和帮Boss表单大师，这里给读者详细介绍一下这2款表单工具的使用方法。当然，读者还可以尝试使用其他的一些表单工具，选择自己喜欢的一款表单工具即可。

8.5.1 问卷星

运营者可以在PC端和手机小程序内使用问卷星这款表单工具，这款表单工具操作简单便捷而且功能丰富。这里以手机端的问卷星为例创建表单。

01 在微信上添加"问卷星"小程序，然后登录问卷星。

02 进入问卷星后，点击"创建新问卷"，系统提供了4种类型的问卷："调查""考试""投票"和"表单"。

03 这里以选择"表单"为例。选择之后,界面中会显示很多表单的样式模板,运营者可以挑选合适的模板套用,也可以点击"从空白创建"创建全新的表单。

04 这里点击"从空白创建",然后输入表单的名称和表单说明,表单名称为必填项。输入该表单名称"圣诞节DIY活动报名",输完后点击"创建表单"按钮 即可。

05 完成上述操作之后,会进入"编辑表单"界面。运营者点击界面中的"添加题目"按钮,会出现许多题目类型。一般表单都需要收集填写人的"姓名""手机""性别"等信息,运营者需要根据该表单的内容,设置对应的题目。

06 点击"姓名"后,会出现该题目的设置内容,可以修改标题和文本验证的方法,以及选择是否为必须回答的。设置完成后点击"确认"按钮 ,该题目就被添加到问卷上了,同理可设置表单的其余内容。

第 8 章 必备的高效运营工具

07 设置完全部内容后，可以点击下方的"预览"，预览表单内容，确认无误后，返回"编辑表单"界面并点击下方的"保存"，然后在弹出的对话框内选择"发布表单"，即可将表单发布。

08 发布表单之后，运营者需要把表单分享出去，让尽可能多的用户来填写表单，所以点击"分享表单"按钮 ，分享表单有3种途径：一种是直接将制作好的小程序转发给对方，一种是生成小程序二维码用于转发，还有一种是分享该表单的网址。

09 如果表单发布后需要添加新的问题或者修改题目，那么运营者需要再次进入问卷星小程序。点击该表单，然后在弹出的页面中点击"编辑"，即可进入表单的编辑页面。修改表单内容不会影响问卷链接，但是运营者重新编辑问卷时会停止收集答卷，需要在修改完后再次发布。

10 如果运营者想要查看表单的答卷情况，需要至少有1个人回答问卷。点击目标问卷，然后点击弹出的页面内的"统计结果"，可以查看答卷的统计结果和详细数据。

11 选择"详细数据"之后，点击右上角的3个点，然后在弹出的界面中选择"下载详细结果"即可下载。在"详细数据"页面内，可以点击"复制"，将网址复制下来，然后通过文件传输助手发送到计算机版微信上，将表单的结果下载下来。这里下载的数据结果会以Excel文件形式导出，方便整理。

267

> **提示**
>
> 问卷星表单在微信小程序和PC(计算机)端上都可以使用。在手机上设置与编辑问卷星表单,功能会不如在计算机端全面,但是在没有带计算机的情况下,通过手机端来创建和编辑表单会更为方便。在PC端问卷星表单的使用方法与在手机端大同小异,建议读者看完下面的小节之后,再尝试到PC端创建一个问卷星的表单。

8.5.2 帮 Boss 表单大师

帮BOSS表单大师同样也支持在计算机端和手机端进行设置。刚才已经介绍了问卷星在手机端的设置,这款表单工具在手机上的设置也大同小异,所以这里讲解一下在计算机端怎么设置这个表单工具。

01 登录帮BOSS表单大师官网,单击右上角的"注册",注册一个账号。这里也可以直接用第三方账号登录。

第 8 章 必备的高效运营工具

02 注册之后,进入后台页面,单击"表单大师",进入表单的设置页面。

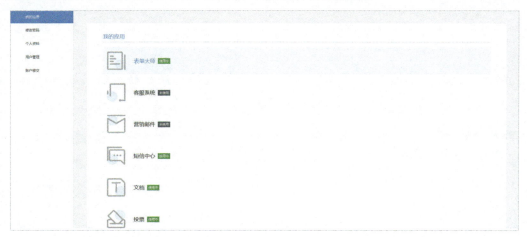

03 单击右上角的"创建表单",可以选择"从模板创建"或"自定义表单"。选择"从模板创建"后,会显示出许多可套用的表单模板。这里选择"自定义表单",教读者如何从空白创建一个表单。

04 进入自定义表单的页面,左侧提供了各种组件,中间是自定义表单的预览界面,右侧为表单和组件的编辑区域。

05 若运营者想要添加组件,只需要单击左侧的组件,即可将组件添加到表单预览界面中。这里单击"姓名""电话""单行文本"组件,将其插入表单的预览界面内。

269

06 插入目标组件之后，运营者选择组件或者表单名称，都可以在右侧的编辑区内进行设置和修改。例如选择"电话"，右侧会显示该组件的可修改内容，运营者可以修改字段名称、字段说明等，也可以在右侧设置该选项是否为必填选项、是否可编辑等。选择的组件不同，右侧显示的可修改内容也可能会不同。

07 将所有组件添加到预览界面中后，若需要调整组件的上下顺序，直接拖曳组件即可。

08 单击上方的"皮肤"，对表单的外观进行设置。根据左侧的菜单栏，可以选择两种皮肤——纯色皮肤和主题皮肤。

第 8 章 必备的高效运营工具

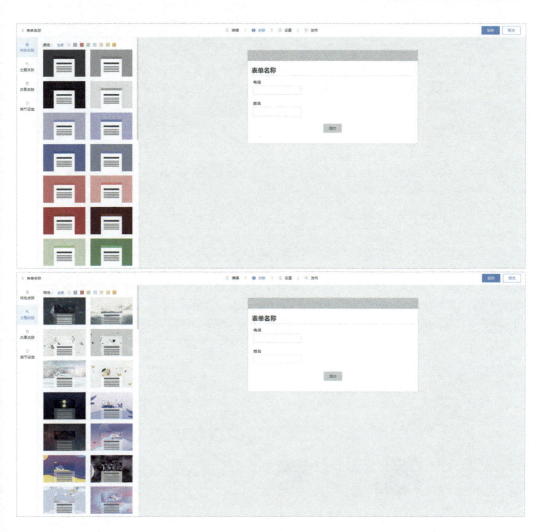

09 单击上方的"设置",可以对表单进行详细的设置。最常用的就是"通用"内的"基础设置"。在这里运营者可以设置"每个微信账号只允许提交一次""表单只允许在规定的时间范围内访问""收集——条数据量后关闭表单"等内容。

10 将设置好的表单发布出去。运营者可以将表单设置成公开的，也可以设置成需要密码或登录后才可填写的。帮Boss表单大师提供了表单的网页地址、嵌入网页的代码、二维码和小程序码供用户使用。单击小程序码或者二维码旁边的"大号"或者"中号"，可以将其下载到计算机上。这样，表单就设置完了。

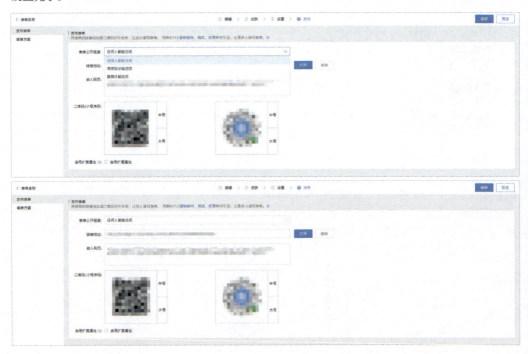

第 9 章

公众号基础排版案例讲解

9.1 标题

标题是公众号最先被用户接收的信息,所以推文标题的重要性是不言而喻的。从排版上来讲,标题的字数应尽量控制在手机显示屏的两行以内,且标题要短小精炼,而不是字数越多越好,即通过简短的语句将推文的内容概括完整或吸引用户的眼球。

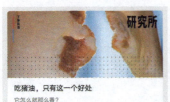  

9.2 封面图(头条)

运营者挑选的每一张封面图必须与文章内容匹配,如果文章是介绍美食的,那就放一张美食的图片。公众号"日食记"每次放的封面图都是根据文章的内容来确定的,例如文章是介绍火锅的,就放上一张火锅的图片。

切记,推文的封面图一定要与文章的内容匹配,不能随随便便找一张图片作为封面图。另外,运营者除了要挑选一张合适的封面图之外,还应该让封面图具有辨识度。如果会一点设计,让公众号的封面图与众不同,就会加深用户对它的印象,从而增加好感。

9.2.1 添加公众号名称水印

读者可以发现,"我要WhatYouNeed""芥末微报"公众号的封面图除了与文章内容匹配外,还都在固定位置加上了自家公众号名称的Logo,让用户看到封面图上的Logo就能快速识别公众号,加深对公众号的印象。

9.2.2 漫画类

公众号的封面图还可以使用一些漫画类的图片。"吾皇万睡"和"不颓废青年"目前的内容都是条漫,所以封面图应该都是设计师自己画的,封面图的制作难度系数很高,比较难模仿。"行动派 DreamList"的封面图或许是设计师设计的,或许是利用素材制作的。这种漫画类风格在形成固定的模式之后辨识度也很高,即使不添加 Logo,封面图的模式也可以让用户一眼就认出来。

9.2.3 设计类

有时候封面图会有很明显的设计痕迹,这类封面图多用于教学性质的推文。下面左图中的这篇文章介绍的是眼妆技巧,所以封面图上有眼睛,但并不是直接放了一张化了眼妆的照片,而是通过设计对眼睛化妆前后的效果进行了对比,还有文字注释。右图中的"斜对面的老阳"的这个封面图也一样,看封面图就能看出文章要讲的内容是什么,而且设计后的封面图比简单的图片更能一下子抓住关注用户的眼球,提高推文的打开率。

9.3 摘要

推文的摘要一般都是一两句概括文章的重点的话，且与标题相互呼应，作用是吸引更多的读者打开推文进行阅读，所以摘要往往也是很重要的一个细节。

9.3.1 显示摘要

推文的摘要目前只会在两种情况下显示，当然前提是运营者填写了摘要内容。

发送单图文消息时，在该公众号内和订阅号消息内，用户可以看到摘要内容。

用户转发图文消息给微信好友的时候，也会显示摘要内容。

9.3.2 不显示摘要

有3种情况会不显示摘要。

（1）运营者根本就没有填写摘要，那么就无法显示摘要内容。

（2）多图文消息无法显示摘要。不管公众号是否被星标，只要是多图文消息，在公众号内部和订阅号消息内都无法显示摘要。

（3）如果公众号不是用户的常读公众号或者未被用户星标，则在订阅号消息内无法显示2.35：1的大版面图片，此时即使运营者填写了摘要内容，在订阅号消息内也是无法显示的。

9.4 顶部贴图

本书图片中展示的顶部的贴图在公众号中都是动图，这里呈现的是静态效果。这些顶部的贴图都非常贴合公众号风格，主要作用是加深用户对公众号推文的印象，同时也可以让文章版面变得更加丰满和美观。

顶部的贴图一般不会经常变化，也就是说顶部的贴图会使用很长一段时间，每一篇文章都会使用相同的贴图。也有一些公众号顶部的贴图是每天随着推文的内容更改的，通常会放一张跟文章有关的图片（带有公众号Logo或名称）。

9.5 底部二维码

在制作底部的二维码时，元素就是公众号的二维码。运营者可以通过设计制作出像"丁香妈妈"这样的二维码；也可以像"我要WhatYouNeed"这样，在二维码周围增加一些文字内容，排成卡片，很清爽；或者像"网易王三三"这样，对二维码进行简单的更改，制作出新的二维码并放在底部。

9.6 图文排版

正文中的图文排版是公众号基础排版的重点，笔者罗列了9项运营者需要注意的排版要求，并通过案例来分析讲解。

9.6.1 正文字体

微信公众号推文系统默认的字体是微软雅黑，但由于手机系统（iOS系统/安卓系统）不同，用户阅读的时候字体会产生不同的变化。

😊 安卓系统的手机

因为安卓手机用户可以根据需求自行设定手机字体，所以推文显示的字体是随设置的手机字体而变化的。如果用户没有设置自定义的字体，那么推文显示的字体就为手机系统默认字体；如果用户自行设置了手机字体，那么推文字体就会显示为设置好的字体。

iOS 系统的手机

由于iOS系统不支持更换字体,在iOS系统的手机上看推文时,显示的一般都是微信公众号默认的字体——微软雅黑。

运营者可以用第三方的插件(例如壹伴)或第三方的编辑器(例如135编辑器)改变推文的字体,也可以直接通过代码来改变推文的字体。例如下图中的公众号在iOS系统上用的字体就不是微软雅黑字体,而是Optima-Regular,要更换为这个字体,可以通过壹伴插件来实现。

笔者建议根据公众号的风格来选择推文的字体。如果公众号的风格是比较大众(例如"丁香妈妈")或比较官方(机构类公众号),那么建议使用默认字体,无须更改字体。

如果公众号的风格是活泼有趣，而且关注的用户多为年轻人，可以使用其他的字体（例如Optima-Regular）来体现公众号的风格。

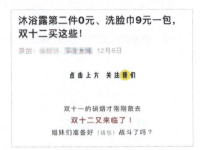

> **提示**
> 在运营者发文之前可能会对文章进行多次的修改，所以在发文之前，建议运营者再选中一次全文并修改字体，以免新增的内容的字体未被修改。

9.6.2 正文字号

微信公众号推文的正文字号也需要根据公众号的定位和风格来决定。

💬 面向大众群体

如果公众号的目标阅读人群比较广泛，考虑到字号太小会影响阅读，字号可以适当增大，例如增大到16~18px。注意，字号不宜过大，否则会影响阅读体验和版面的美感。

面向青年

如果公众号的目标人群多为青年人,那么建议正文字号采用14~15px,这样显得简洁干净,且青年人接受程度也会比较高。目前,一般公众号用15px字号的居多。

"我要WhatYouNeed""36氪""新世相"这类用户相对而言比较年轻的公众号,正文的文字都是使用15px字号,年轻人通常更喜欢这个字号。

9.6.3 字间距 / 行间距

字间距是每个字之间的距离,字间距太小会让人感觉无法呼吸,字间距太大又会让用户觉得看起来太松散,所以合适的字间距非常重要。行间距是行与行之间的距离,行间距也会影响阅读体验。运营者可以参考同类型的公众号,参考它们在排版的时候使用的字间距和行间距的数值。

> **提示**
>
> 通过对比上图中的几个公众号的参数值可以发现,字间距通常使用0~1,行间距通常使用1.75~2。虽然字间距和行间距的数值并不大,但是通过更改行间距和字间距的数值可以让文章的版面更为整齐美观。

9.6.4 两端缩进

因为各编辑器或者插件使用的计数方式不同，所以在不同的第三方编辑器中，两端缩进同样的距离时，数值有可能是不同的。这里笔者以公众号的编辑区内的两端缩进数值举例，数值皆为16。

9.6.5 两端对齐

两端对齐可以让整篇文章看起来整齐。以"我要WhatYouNeed"的推文"微信收藏里，藏着爱情最好的时候"为例，"我要WhatYouNeed"公众号使用了两端对齐的排版效果，现在将这段内容导入公众号"一颗菠菜菜"，取消两端对齐的效果，读者们可以对比看看。

很明显，取消两端对齐效果后，右侧的文字无法对齐，看起来不够整齐，所以两端对齐可以让整篇文章看起来更为整齐。单击"两端对齐"，即可将文章对齐。

9.6.6 配图来源

在公众号推文中，运营者经常需要插入和文章相关的配图，使文章变得更加生动有趣。在插入图片的时候，建议将图片的来源标注在图片下方，这样不论时隔多久，也能知道图片的来源。另外，要尽可能使用取得授权的图片。

"丁香生活研究所"公众号在配图下方标注了图片的来源信息，用户能很清楚地知道图片来自哪个网站。

当然，如果是公众号团队制作的，那么可以标注原创信息。

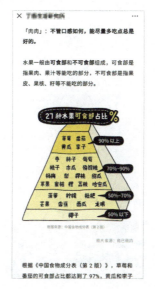

9.6.7 分隔符

公众号推文的内容一般都在千字以上,所以需要使用一些小标题或小图标来对文章各部分进行分隔,主要有以下3点好处。

第1点: 分隔文章各部分可以帮助读者调节阅读速度。

第2点: 帮助读者了解阅读进度。

第3点: 帮助读者在后续阅读时快速找到上次阅读的位置。

公众号推文可以用序号和图片作分隔符。

"我要WhatYouNeed"的序号分隔符是经过设计的,在第三方的编辑器中比较难找到同款样式。

"三三物色"的序号分隔符在第三方编辑器中可以找到类似的样式,所以如果运营者不会设计,也可以直接在第三方编辑器中选择合适的样式,作为文章的分隔符。

9.6.8 参考文献

当运营者撰写专业程度比较高的推文的时候,如果参考了文献,可以将参考文献写在文章的末尾。读者阅读完全文,看到文末的参考文献,会认可该篇文章的专业度和可信度。

提示

参考文献的字号比正文要小不少,一般建议采用12~14px。另外,参考文献的文字颜色也不是正文的黑色,而是偏灰色,以与正文有所区分。

9.6.9 往期推荐

运营者可以在每一篇公众号推文底部添加一些该公众号的往期推荐,这些文章通常是之前写得比较好的,通过这样的方式再一次推荐给读者,能够增加文章的曝光率和阅读量。

这些往期推荐都是通过为图片添加超链接制作的,读者可以在图片的右上角看到一个"门"状的图标,这就是添加了超链接后的效果。

当然，除了可以为图片添加超链接，也可以为文字添加超链接。下图中的"泡面测评""脏橘色推荐""减肥操"等文字都可以直接点击，点击后会跳转到公众号其他的推文。因此，运营者在添加往期推荐的时候，可以通过为图片或文字添加超链接的方式来制作往期推荐。

9.7 公众号推文排版

前面介绍了公众号推文的基础排版知识，下面通过一篇微信公众号的推文来讲解实际操作。

9.7.1 登录公众平台

01 进入微信公众平台登录界面，输入公众号的账号和密码，然后扫码登录。

02 在首页左侧找到"管理",选择"素材管理"。

03 在"素材管理"页面中单击"新建图文素材"按钮。

9.7.2 输入标题

进入图文素材编辑页面中,在标题栏中输入标题。该篇文章的标题为"每一次理发,理发师都给了我一个新的丑法"。

9.7.3 制作封面图

因为该篇文章的内容是关于理发的,所以需要挑选一张跟理发相关的图片。挑选的图片可以和头发、理发店、理发师、发型等相关。在选择图片的时候,要使用取得了授权的图片或免费图片,本例所选择的图片为烫发图。

01 这里对封面图进行了简单的设计：在封面图上加上公众号的名称。当然读者如果有好的设计想法，可以根据自己的想法来设计封面图。

02 将鼠标指针移动到微信公众平台图文素材编辑页面中的"封面和摘要"下的"选择封面"中，然后选择"从图片库选择"，单击"上传文件"按钮，把封面图上传到平台上。

03 封面图是根据微信公众平台规定的比例2.35：1制作好的，所以在选择2.35：1封面图的时候无须再进行裁剪，只需要选择1：1封面图的范围。选择好之后单击"完成"按钮 ，即可完成封面图的制作。

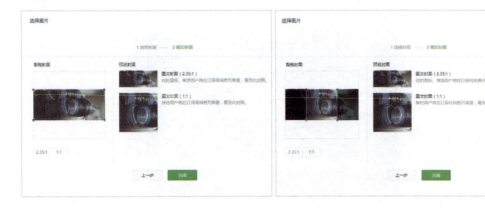

9.7.4 填写摘要

制作完封面图之后,运营者可以在旁边填写上摘要内容。如果不填写的话,会默认抓取正文前54个字。

这里根据文章的正文和标题,输入摘要信息"头发剪得到底如何,要睡一觉之后再洗一次,才能知道"。这样推文发布之后,星标公众号或者常读公众号的用户就会在订阅号消息内或者公众号内看到摘要内容。

提示

如果运营者不想要显示摘要内容的话,可以先在摘要栏内随意填写内容,然后再删除摘要,系统就不会自动抓取前54个字作为摘要了。

9.7.5 添加顶部贴图

这里制作一个动态的首尾贴图,插入推文的顶部和底部即可。

01 单击"图片",然后选"本地上传"或"从图片库选择",把制作好的顶部贴图插入文章中。

02 插入顶部贴图后单击下方的"保存"按钮 保存 ，发送推文后顶部贴图就会出现在公众号推文内了。

9.7.6 添加底部二维码

01 要制作底部的二维码，首要将公众号的二维码下载下来。在"设置"中单击"公众号设置"。

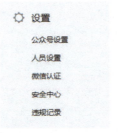

02 在"公开信息"中找到"二维码"，单击右侧的"下载二维码"。选择二维码边长，单击右侧的下载链接，这里选择了"8cm"的下载链接。下载后即可得到公众号的二维码。

第 9 章 公众号基础排版案例讲解

03 得到二维码后，读者可以自行设计，然后再将二维码插入公众号推文的底部。若不会使用设计软件，可以利用之前介绍过的二维码制作工具——草料二维码生成器或第九工场进行美化，也可以通过添加文字内容来使文章底部变得美观一些。笔者在这里就简单地插入二维码，然后添加文字，引导读者关注。

9.7.7 图文排版

01 输入正文内容。

02 修改正文字体。在正文区域输入正文内容，如果不需要更改字体，可以直接单击下方的"保存"按钮。

03 如果需要更改字体，可以安装第三方的插件（例如壹伴插件）或在第三方编辑器（例如135编辑器）中修改。这里的公众号安装了壹伴插件，全选正文，然后单击"字体"，选择目标字体即可更改。

04 修改正文字号。在正文区中全选正文内容后，单击编辑区上方的"字号"，选择15px，即可设置字号。

05 修改字间距。全选正文内容，单击编辑区域上方的"字间距"，笔者这里使用数值"1"，选择数值"1"即可。

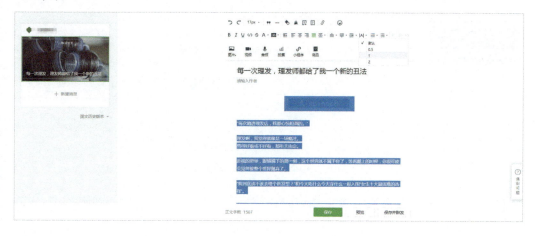

06 修改行间距。全选正文内容，单击编辑区域上方的"行间距"，笔者这里使用数值"1.75"，选择数值"1.75"即可。

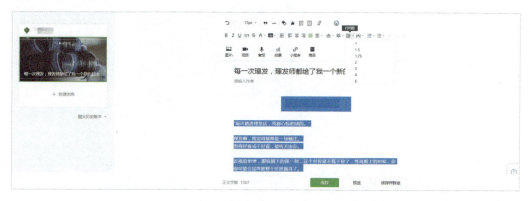

07 设置两端缩进。全选正文内容，单击编辑区域上方的"两端缩进"，选择数值"16"，运营者也可以在这里选择其他数值，调整文字两端缩进的距离。

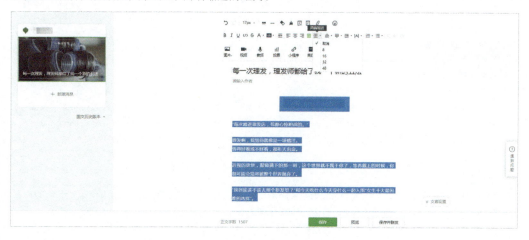

08 设置两端对齐。全选正文内容，单击编辑区域上方的"两端对齐"。

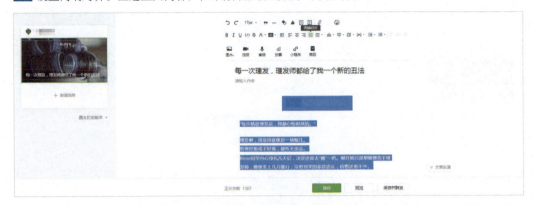

09 标注配图来源。如果文章中有相关配图，建议在图片下方标注上配图的来源，以便日后自查配图是否涉及版权问题。

提示

笔者要提醒运营者的是，标注的图片来源的字号应该比正文字号更小，若正文使用15px字号，建议标注的图片来源使用12~13px，另外标注的内容的颜色也可以调整成灰度更高的颜色，而不是跟正文一样的黑色。

10 分隔符可以去第三方的编辑器里面挑选合适的，可以使用小图标或者使用纯序号，这里笔者直接用"-1-"这样简单的文字来作分隔符。

提示

为了让分隔符"-1-"更加明显，可以将分隔符调整为18px大小，同时将文字加粗。如果文章有参考文献，可以在文末添加参考文献的内容，本例不需要参考文献，所以就不添加了。

11 往期推荐。公众号之前的优质文章都可以作为往期推荐。如果运营者想要把之前的某些文章再次推荐给读者，可以把往期的文章的标题放在文末，添加上超链接，这样用户点击文字之后，即可跳转到往期文章阅读。首先要确定往期推荐是通过图片还是文字来制作，这里笔者用文字来制作超链接。输入文字内容，然后选中文字内容，再单击编辑区上方的"超链接"。

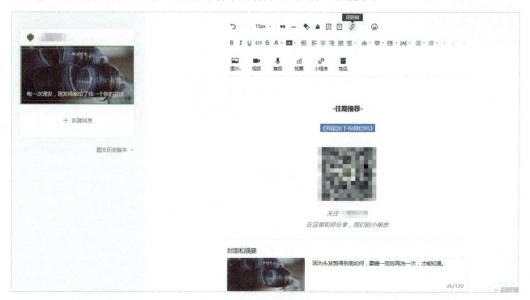

> **提示**
> 如果是用图片来制作的话，也是一样的，先插入图片，然后选中图片，再单击编辑区上方的"超链接"。

12 单击"超链接"之后，在弹出的"编辑超链接"页面中找到目标文章并选中，然后单击"完成"，超链接就制作完成了。

13 单击选中的文字后弹出超链接的网址，即为设置成功了。超链接的文字内容默认为蓝色，运营者也可以将文字设置为其他颜色，不会影响超链接的效果。

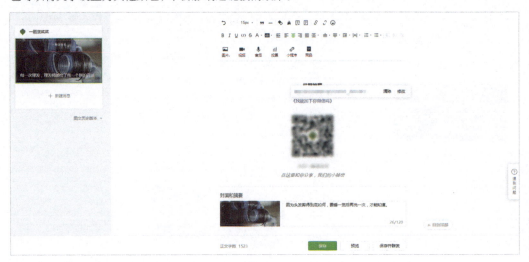

9.7.8 保存和预览

当所有的内容都设置完成之后，再一次单击"保存"。然后单击"预览"，将文章内容发送到运营者的微信上，查阅无误后可以单击"保存并群发"，进入群发页面。

9.7.9 群发

确认无误之后，运营者再单击"群发"按钮，然后在弹出的"群发确认"页面里单击"继续群发"，再通过运营者或者管理员的微信扫码验证，即可发送出去。